LETIONARE

BRASIL
letionare.org
2024

Dados Internacionais de Catalogação na Publicação (CIP)
Catalogação feita pelo editor

P656   Pinnto, Marcos Rodrigues.
       Estatística Essencial para iniciantes /
       LETIONARE.
       Brasil: 918641, 2024.

       ISBN: 9798321154373

       1. Matemática 2. Estatística

       I. Título

       CDU 519.2   CDD 310

Sumário

Apresentação

Você sabe o que é alienação? É muito provável que você já tenha ouvido, várias vezes, essa palavra, algumas delas quando usada no sentido de loucura. Mas não é no sentido da loucura que abordarei essa palavra. É no sentido da entrega de algo que é de alguém e esse alguém entrega para outra pessoa, abrindo mão do controle desse algo.

Há várias coisas que as pessoas costumam alienar ao longo da vida e uma delas é o conhecimento e a aprendizagem. Muita gente adota uma postura passiva diante do conhecimento, aceitando sem nenhuma crítica o que recebe do mundo exterior, deixando que outros se deem ao trabalho de buscar o conhecimento para recebê-lo com o mínimo de esforço, sem se questionar se tal conhecimento não sofreu ajustes convenientes antes de sua entrega.

Você pode pensar agora: o que essa conversa tem a ver com estatística?

E eu respondo: tudo.

Vamos ao caso do Índice de Preços ao Consumidor Amplo (IPCA) elaborado pelo Instituto Brasileiro de Geografia e Estatística (IBGE). "Ah!, não vai me dizer que quer que eu mesmo calcule o IPCA, vai?", você pode perguntar. E não, porque sei que você dificilmente terá os meios de que dispõe o IBGE para calcular o IPCA. Mas aceitar o IPCA e guiar suas decisões por ele, sem nenhuma crítica é uma forma de alienação.

Primeiro porque dificilmente tal índice se encaixaria perfeitamente nos seus hábitos de consumo. Segundo, porque nenhuma informação deveria ser usada sem nenhum questionamento.

No exemplo do IPCA, você poderia simplesmente tomar nota dos preços dos produtos e serviços que você consome e as respectivas quantidades, digamos, nos primeiros dias do ano. Nos últimos dias do ano, você faria a mesma coisa e calcularia a inflação no seu bolso, e aprender que a inflação não atinge todos da mesma forma e na mesma intensidade como os índices elaborados por órgãos oficiais fazem crer.

Você pode até saber que a inflação é diferente para pessoas em diferentes níveis de renda, de fato, mas sem praticar isso, fazendo suas próprias anotações e cálculos, você não pode dizer que aprendeu.

Há diferença entre o que você sabe e o que você aprendeu. Saber é ter uma informação. Aprender é praticar algo. Você pode se certificar disso dando um manual de como andar de bicicleta para alguém que nunca andou de bicicleta. Em uma prova escrita, talvez essa pessoa se desse bem. Mas ponha essa pessoa para pedalar e veja o que acontece.

Por isso, recomendo que você pratique tudo o que ler neste livro. Pratique no seu cotidiano, seja analisando um gráfico ou tirando conclusões a partir da leitura de uma tabela. Elabore também gráficos e tabelas para otimizar suas atividades de trabalho ou de estudo, planejar suas finanças, atender melhor seus clientes (se tiver), ou mesmo avaliar melhor o cenário em que está inserido.

A Estatística é uma ciência autônoma que vem servindo a humanidade de diversas maneiras, seja no planejamento de políticas públicas, na avaliação dessas políticas, na otimização de processos industriais, na melhoria do atendimento de clientes, no incremento de vendas, na segurança pública, nas escolas, nos hospitais, nas farmácias, em salões de beleza e em barbearias, lojas de departamento, mercearias, bares, restaurantes, entre muitos outros.

Por isso, acredito que você deu um importante passo ao adquirir este livro. Quem busca um livro para aprender uma disciplina tem um grande potencial de aprendizagem autônoma, que é contrária à alienação de conhecimento. Além disso, não é uma disciplina qualquer que você começará a aprender. É uma das mais importantes ferramentas de desenvolvimento do senso crítico e análise de cenários, os mais diversos: a Estatística.

LETIONARE.ORG

Começando nossa jornada estatística

O que é Estatística? Algumas coisas são fáceis de dizer: é uma ferramenta em diversos campos de estudo, por exemplo. Ótimo. Agora, se você já sabe que é uma ferramenta, deve supor que toda ferramenta serve para alguma finalidade. Qual seria a finalidade da estatística?

Ao longo deste material você verá algumas aplicações, diversos exemplos e será convidado a construir conceitos a partir de informações básicas. Essas informações devem ser dadas de forma a possibilitar o seu agrupamento para formar determinado conceito. Ao fim, você estará familiarizado com a linguagem e com as especificidades desta disciplina.

Uma das formas mais eficazes de aprender é por meio de exemplos. Isso porque nós, seres humanos, somos extremamente eficazes em imitar. Isso mesmo! A mímica é uma poderosa ferramenta para a aprendizagem. Não à toa, os livros didáticos considerados melhores são aqueles que vêm recheados de exemplos. Pensando nisso, vamos basear toda a nossa conversa em exemplos.

Mas, vamos fazer um acordo: você não vai simplesmente pular de página em página sem refazer os exemplos até sentir que seu nível de compreensão do conceito apresentado melhorou. Lembre-se: o processo de aprendizagem é interno, o que significa que exige seu pleno comprometimento.

Haverá momentos em que você sentirá dificuldade e isso somente quer dizer que você está crescendo. Confortável é o lugar onde você está. Crescer dói.

Se você já é um pensador independente, meus parabéns! Se

não for, vou despertar sua independência de pensamento durante nossa jornada, para que você retome o comando de sua aprendizagem, que muitos têm ensinado a alienar.

Siga comigo. Não vou soltar a sua mão.

PARA INÍCIO DE CONVERSA...

É possível construir uma casa
começando pelo telhado?

Sim. Mas não precisamos
fazer desse jeito.

A Estatística Descritiva

Antes de tudo, é preciso corrigir uma noção popular sobre a estatística que a considera como um ramo da matemática. Desde já, ficaremos avisados de que a estatística é uma ciência autônoma[1].

Pelo nome, você pode fazer uma boa aposta do que seja a estatística descritiva. Ela se ocupa de descrever alguma coisa, claro. Vamos chamar essa coisa de variáveis. Para isso ela fará uso de instrumentos próprios: medidas de tendência central, medidas de dispersão, assimetria e curtose.

Mas, o que é mesmo uma variável?

Variável é o nome dado para alguma grandeza que se esteja observando. Por exemplo, a idade dos pacientes atendidos em uma unidade de saúde, o número de quilogramas de arroz consumidos em determinado restaurante, o número de alunos aprovados por média em uma disciplina. Todas essas grandezas podem ser chamadas de variáveis. Você pode dividir essas variáveis em dois tipos. Mas antes de dizer quais são esses tipos, vamos estimular um pouco a sua percepção sobre a diferença entre eles.

O número de pacientes só pode ser dado de um em um. Isto é, podemos ter 2 pacientes, 15 pacientes, mas não faz sentido dizer que temos 12,5 pacientes. Concorda? O mesmo ocorre com o número de alunos.

---

1   Na introdução de [5] encontramos uma excelente apresentação da ciência Estatística.

No entanto, é possível falar em 200,5 quilogramas, ou mesmo 200,59 quilogramas. Quantas possibilidades de números diferentes podem-se colocar entre 200 e 201, quando a unidade é quilogramas? Muitos é uma boa resposta. E quantos números diferentes podem-se colocar entre 11 e 13, quando a unidade é número de alunos? Apenas um! Pois essa é uma das diferenças entre os dois tipos de variáveis de que vamos falar.

Em matemática, usa-se o termo discreto para designar coisas que são contadas de um em um, por exemplo, um conjunto de pontos que não têm pontos intermediários entre os pontos dados. Em contrapartida, dá-se o nome de contínuo para as coisas que possuem infinitos valores dentro de um intervalo.

Assim, temos as variáveis discretas e as variáveis contínuas. O número de livros em uma biblioteca é uma variável discreta. Já a quantidade de água em um reservatório é uma variável contínua.

Para você ir se acostumando, maque entre parêntesis com a letra D se considerar a quantidade dada como variável discreta e com C, as que considerar como contínuas:

Pneus ( )	Frangos ( )	Ovos ( )	Água ( )
Chuva ( )	Área de terreno ( )	Volume de sólido ( )	Professores ( )
Sal ( )	Velocidade ( )	Casas ( )	Temperatura ( )
Porcos ( )	Carneiros ( )	Frutas ( )	Páginas ( )
Óleo de motor ( )	Tempo ( )	Comprimento ( )	Pares de sapato ( )

Prática 1 – Variáveis Discretas e Contínuas

População e Outros Conceitos

Toda pesquisa tem um conjunto sobre o qual ela deve se debruçar. No caso de uma pesquisa que vá determinar faixas de tamanhos de ovos para classificá-los em pequenos, médios e grandes, por exemplo, todos os ovos envolvidos na pesquisa compõem o que se chama de população.

Você deve ter notado que, neste caso, temos objetos que serão estudados: ovos. Quando se fala estudar um objeto, quer-se dizer, por exemplo, medir e fazer cálculos sobre essas medidas para abstrair características dos mesmos. Assim, você poderia medir a altura e o diâmetro do ovo e estabelecer faixas de tamanhos, conforme a classificação pretendida.

Continuando sua pesquisa sobre os ovos, você poderia perceber que há uma relação entre o tamanho e o peso dos ovos. Nessa hipótese, você poderia concluir que é muito mais fácil estabelecer faixas de peso para os ovos e classificar-lhes a partir do peso do que medir-lhes o tamanho.

Em seguida, você percebe que, diante das suas conclusões, pode colocar uma máquina para selecionar os ovos automaticamente a partir do peso e agrupar-lhes de acordo com a classificação que você estabeleceu no início.

Percebeu que até chegar ao processo automatizado você passou por algumas etapas? Pois isso pode ser considerado um esboço do que se faz e para quê se faz estatística.

Você pode estar pensando:

> "Mas esses processos
> automatizados já estão operando há
> muito tempo e não precisam mais

de estudos estatísticos".

Será? Se eu seguisse essa linha de pensamento, teria acreditado que, diante de tantos livros de altíssimas qualidade em estatística, não haveria a menor necessidade de eu escrever este, que por acaso você está lendo e está percebendo o assunto fluir em sua cabeça.

Duas mentiras são frequentemente disseminadas por diversos meios, às vezes diretamente, mas na maioria das vezes isso é feito de forma sutil e indireta. Mentira número 1: "não há mais o que ser inventado". Mentira número 2: "devido ao atual nível de desenvolvimento das máquinas, o ser humano não precisa mais raciocinar". Uma extensão da mentira número 2 nos leva ao fato de haver muitas pessoas acreditando que não precisam estudar e aprender matemática.

Voltando aos ovos, nós usamos valores para caracterizá-los, ou classificá-los em pequenos, grandes ou médios. Vamos escolher a medida peso. Peso, então, é uma medida numérica utilizada para descrever os ovos. Vamos chamar isso pelo nome de parâmetro populacional, que é a representação de uma medida numérica que descreve uma dada população.

Sobre esse nosso exemplo, você já se perguntou quantos ovos precisaria medir? Isso é uma pergunta muito importante! Cem ovos? Mil ovos? Todos os produzidos? É claro que você deve esperar que não seja necessário medir tantos ovos assim. O número de ovos a serem medidos dependerá do objetivo da pesquisa, da disponibilidade de meios, da precisão desejada, entre outras coisas. Assim, precisamos do conceito de amostra. A amostra é uma parte dos objetos da população, escolhida para representar a população. Também é chamada de subconjunto de uma população.

Representar uma medida numérica que descreve uma característica de uma amostra da população. Esta é a definição do termo Estatística Amostral. (Você leu duas vezes?). Vamos pensar em uma característica de uma amostra da população de alunos do ensino médio na escola X. Estar acima do peso considerado saudável é uma característica, concorda? Tudo bem. Qual medida numérica estaria relacionada com essa característica de modo a descrevê-la? Peso! Muito bem. O peso, neste caso, é uma medida numérica que descreve uma característica de uma amostra da população. Veja bem: nem todos os alunos estão acima do peso, mas apenas um subconjunto deles, ou seja, uma amostra da população.

Falamos de população, de amostra populacional, estatística amostral e até de dados contínuos e discretos. A coleção de dados de todos os elementos de uma população também recebe um nome especial. Ela é chamada de censo. Assim, se sua população são os alunos do ensino médio do colégio X, não só os dados dos alunos acima do peso como os abaixo ou no peso ideal estarão no censo. Isto é, no censo estão presentes os dados de TODOS os alunos do ensino médio da escola X.

Os dados são a essência da estatística, pois é sobre eles que todos os resultados irão se apoiar. Eles se dividem em Dados Qualitativos e Dados Quantitativos. Os dados qualitativos são ainda chamados de categóricos ou de atributos e representam condições particulares, distinguindo-se por uma característica não numérica. Na pesquisa envolvendo o peso dos alunos, poderíamos estar interessados, por exemplo, em saber qual o percentual de alunas e de alunos acima do peso, isto é, estaríamos distinguindo dois grupos pelo gênero, que é uma característica não numérica. A nacionalidade também é uma característica não numérica, sendo um dado de interesse em pesquisas sobre o emprego, por exemplo, em metrópoles como Rio de Janeiro e São Paulo. Ou em uma universidade como a UNILAB, que recebe alunos dos países lusófonos. Dados ordinais também podem se constituírem exemplos de dados qualitativos. Em um concurso público, a classificação do candidato (1º, 2º, etc) é uma característica não numérica, que representa uma condição particular.

Já os dados quantitativos são oriundos de processos de contagem ou mensuração, ou resultados de cálculos e enumerações. O peso dos alunos é obtido por uma medição (com uma balança, normalmente), então é um dado quantitativo. A altura dos alunos também é uma medição (com uma trena, habitualmente). O número de alunos obesos é obtido por uma contagem (enumeração), sendo também um dado quantitativo. E o percentual de alunos acima do peso se consegue por meio de um cálculo, portanto, é um dado quantitativo. Ficou claro pra você a diferença entre dados qualitativos e quantitativos? Então, vamos testar!

Lembre-se de repetir mentalmente o conceito de dados qualitativos e de dados quantitativos ao responder cada item. Essa é uma forma poderosa de fixar conceitos: usando repetidas vezes, em situações similares. Da mesma forma que o seu corpo aprende movimentos, sua mente aprende procedimentos abstratos.

Prática 2: Nos dados abaixo, marque L para os dados qualitativos e N para os dados quantitativos.

Idade ( )	Sexo ( )	Altura ( )	Largura ( )
Idioma ( )	Peso ( )	Velocidade ( )	Curso ( )
Cor do Cabelo ( )	Quantidade ( )	Manequim ( )	Comprimento ( )
Classificação ( )	Litros ( )	Volume ( )	Área ( )

Há também que se distinguir em estatística o estudo observacional e o experimento. Se as características são apenas verificadas ou medidas, mas não manipuladas ou modificadas, estamos em um Estudo Observacional. Se há a manipulação das condições ou a condução de procedimentos com finalidade certa, estamos diante de um Experimento. A velocidade do vento, por exemplo, para fins de se avaliar as condições do tempo, enquadra-se no campo dos estudos observacionais. Mas, se forem introduzidos quebra-ventos com a finalidade específica de reduzir a velocidade do vento, medindo-se depois essa velocidade, estaremos no campo dos experimentos.

Por fim, há os modelos físicos, que permitem estudar o comportamento de um fenômeno ou de uma máquina, recorrendo a protótipos ou maquetes. E os modelos matemáticos, que representam abstratamente os fenômenos.

Fases de um Trabalho Estatístico

O trabalho estatístico normalmente apresenta fases que são ordenadas para que se obtenha o melhor resultado com o menor consumo de recursos possíveis. Vamos ver quais são estas etapas e o que elas significam de forma sucinta.

Definição do Problema – qual é o seu objeto de estudo? O que você pretende resolver? Qual a informação que você quer gerar? Responder a essas perguntas ajuda a definir o seu problema. Vamos dar como exemplo uma pergunta direta: qual o percentual de alunos matriculados na Universidade Federal do Ceará cuja renda familiar é maior ou igual a três salários-mínimos? Eis um problema definido!

Planejamento – evidentemente, começa no item anterior, mas inclui outros procedimentos, tais como a definição das perguntas a serem feitas nos questionários, o cronograma da pesquisa, a população, os instrumentos que serão utilizados, as técnicas que serão aplicadas.

Coleta de Dados – ao se levantar os dados primitivos, está-se fazendo o que se chama de coleta direta, feita a partir de fontes originais. Caso a pesquisa se baseie em dados secundários, significa que a fonte não é a original, mas a partir de um banco de dados já organizado por terceiros. Por exemplo: se você visita os pluviômetros de uma região e coleta suas medições, você está fazendo uma coleta direta; caso você acesse o site da Fundação Cearense de Meteorologia e Recursos Hídricos (FUNCEME) e utilize os dados ali disponíveis, você está fazendo uma coleta indireta.

Apreciação ou Crítica – uma vez coletados, os dados devem ser verificados para levantar eventuais erros das mais variadas fontes. Tais erros podem conduzir a conclusões equivocadas sobre o fenômeno estudado. Exemplo disso, são a coleta de dados de chuva, que podem ter sido inseridos de forma errada pelo usuário (erros de digitação, etc) e podem levar a tomar decisões equivocadas sobre a gestão das águas (tanto para mais quanto para menos). Digamos que, após a análise dos dados erroneamente inseridos, concluiu-se que não era necessário um racionamento, quando na verdade era preciso racionar água. O resultado pode ser o colapso no abastecimento.

Apuração dos dados – é a fase onde se contam os dados, somando-os ou classificando-os. Nela você determinará, por exemplo, quantos alunos estão acima da média em matemática ou quantos pacientes são atendidos no mês de janeiro em um posto médico.

Apresentação ou exposição – os resultados obtidos nas fases antecedentes são exibidos, isto é, publicados ou mostrados. Essa exposição pode ser feita usando tabelas ou gráficos. Geralmente os gráficos nos dão meios de interpretar uma informação de forma rápida, mas pouco precisa; as tabelas precisam de mais atenção, porém são precisas em suas informações.

Análise e Interpretação – aqui são feitas as medidas estatísticas, como medidas de dispersão, de tendência central, de assimetria e curtose (no caso da estatística descritiva).

Antes de seguir adiante, vamos ver o conceito de **Série Estatística**: trata-se de uma tabela que apresenta a distribuição de um conjunto de dados, considerando-se a época, o local, ou a espécie. Uma **distribuição de frequência** (DF) é a série onde os dados são agrupados em classes de acordo com as respectivas frequências. As **classes** são intervalos com limites predeterminados.

Depois de ter visto um punhado de conceitos, você deve estar ansioso para experimentar as ferramentas da estatística. Lembre-se de que é extremamente importante que esses conceitos tenham ficado claros na sua mente. Usei aqui exemplos porque eles funcionam como uma âncora para sua memória. Como você usará essa âncora? É mais simples do que você está imaginando. Você notará que é bem mais fácil lembrar de um exemplo do que das palavras que foram usadas para compor a definição ou falar do conceito. Então, o que você faz é lembrar-se do exemplo e formular o conceito ou definição. Escreva em um rascunho esses conceitos com suas próprias palavras. Depois você compara com o conceito apresentado aqui. Se faltar alguma coisa, complemente a sua versão. Assim você usará duas poderosas técnicas de aprendizagem: a ancoragem a partir de exemplos e a elaboração.

No próximo capítulo você verá as medidas de tendência central. Siga, quando se sentir pronto.

Praticando para Aprender

Responda às perguntas sem recorrer à pesquisa. Depois, confira as respostas e se dê dois pontos para cada resposta certa. Refaça quantas vezes for necessário até que sua pontual seja a máxima possível.

1. Em uma escola de ensino médio há 1.000 pessoas matriculadas. Para medir a satisfação dessas pessoas com a escola, foi feita uma pesquisa com 278 delas. Nesse caso:

   a) As 1.000 pessoas constituem a população, enquanto as 278 constituem uma amostra.

   b) Os dados coletados são numéricos e discretos, pois se trata de pessoas, que são contadas de um em um.

   c) A fonte dos dados é secundária, pois precisa consultar a opinião de terceiros.

   d) Na etapa de definição do problema, a pergunta que orientou o trabalho estatístico foi sobre a quantidade de pessoas matriculadas na escola.

2. Carlos está em uma praça movimentada, pedindo a alguns dos passantes que respondam algumas perguntas que ele tem em um questionário. A fase do trabalho estatístico em que Carlos está é:

   a) Definição do problema.

   b) Coleta de dados.

   c) Crítica dos dados.

   d) Apuração dos dados.

3. Pedro está contando o número de cliques nos links para seus produtos em sua loja virtual. Neste caso, ele está fazendo:

a) Uma coleta direta.

b) Uma coleta indireta.

c) A apuração de dados.

d) A análise dos dados.

4. Uma afirmação coerente com os conceitos de população e de amostra é:

a) A população é sempre maior que a amostra.

b) Uma amostra sempre contém sua população.

c) O que vale para a amostra, vale para a população.

d) Populações numerosas inviabiliza amostras.

5. Observe a tabela e marque a opção cuja afirmação é verdadeira.

Tabela 1: Participação da indústria no PIB do ano de 2020: Brasil, Argentinta, China, Estados Unidos

País	Brasil	Argentina	China	EUA
% do PIB	20,5	22,5	37,8	17,7

Fonte: CNI.

a) A tabela é uma série estatística histórica.

b) A tabela é uma série estatística mista.

c) A tabela é uma série estatística geográfica.

d) A tabela é uma série estatística específica.

Gabarito.

Uma parte diz muito sobre o todo...

Parâmetro Populacional

De acordo com [5], parâmetro populacional é toda medida estatística de característica pertencente aos elementos da população. Geralmente, tais parâmetros são desconhecidos. Quando medidas de tais características são obtidas a partir de amostras, chamamo-las pelo nome de estimativas.

Os meios de controlar a diferença entre os parâmetros e as estimativas são a margem de erro e o nível de confiança. A margem de erro é um intervalo em que a estimativa pode desviar do parâmetro. Caso os mesmos procedimentos para estimar fossem repetidos n vezes sobre outros elementos da população, o nível de confiança seria o percentual que representa a quantidade de vezes em que se obteriam os mesmos resultados.

Tamanho da Amostra

O tamanho da amostra é tão importante quanto difícil de se ser determinado com precisão. Amostras muito grandes podem ser inviáveis ou resultar no consumo desnecessário de recursos. Além das questões econômicas, há também as questões éticas, pois amostras muito pequenas podem ter exposto seus participantes a riscos sem que nenhum resultado útil tenha sido obtido [6].

O marco amostral é o conjunto do qual uma amostra será retirada, portanto, constituem-se nos elementos que compõem a população a ser estudada [8].

Cada objeto (entenda aqui como pessoa, animal, peça ou qualquer outra unidade) do marco amostral é uma unidade de amostragem. Por exemplo, se os moradores de um bairro devem ser consultados sobre sua preferência em relação a determinado produto, cada morador é uma unidade de amostragem. Uma seleção desses moradores é uma amostra.

 No entanto, mesmo que se tenha procedido corretamente na quantificação da amostra e na escolha dos moradores que a comporão, pode ocorrer uma diferença entre o resultado obtido com a amostra e a realidade da população. A essa diferença, chamamos de erro de amostragem. O erro pode ser atribuído a diversos fatores, entre eles, a não representatividade da população pela amostra tomada.

Ao quociente {número de elementos da amostra}/{número de elementos da população} damos o nome de fração de amostragem. Se sua amostra tem p elementos e a população tem T elementos, então p/T é sua fração de amostragem.
Acho que você deve estar esperando uma fórmula para calcular o tamanho de uma amostra... Então, veremos algumas delas, disponíveis no blog [9].

$$n = \frac{Z^{2p}(1-p)}{\varepsilon^2}$$

$n \to$ tamanho da população
$Z \to$ nível de confiança expresso em números de desvios-padrão $p \to$ proporção do evento na população
$\varepsilon \to$ erro de amostragem
A forma simplificada é:

$$n = \frac{Z^2}{4\varepsilon^2}$$

A forma simplificada é utilizada quando não se sabe a proporção do evento na população e aplica-se p = 0,5.
Amostragem Probabilística
Se você procurou pelo conceito de amostragem probabilística na internet, deve ter visto um monte de blogs, notas de aula digitais, vídeos e outros materiais definindo o termo. A amostragem probabilística nada mais é do que usar probabilidade para escolher os elementos que comporão uma amostra.

Na amostra aleatória simples, por exemplo, cada elemento tem a mesma probabilidade p de ser escolhido.

Se você fizer um sorteio de n pessoas dentre as T pessoas que moram na sua rua, fará uma amostra aleatória simples. Se cada pessoa puder ser escolhida mais de uma vez, diremos que a amostra aleatória simples é com repetição; se ninguém puder ser escolhido mais de uma vez, será sem repetição.

Amostragem Estratificada

A amostra estratificada é aquela que cuida de separar proporcionalmente os estratos de uma população, de modo a reconhecer a heterogeneidade desses estratos.

Portanto, esse tipo de amostragem é necessária quando a população apresentar alto grau de heterogeneidade com relação a uma determinada caraterística em estudo [5].

Como Proceder

Para implementar uma amostragem aleatória estratificada, podemos seguir os passos:

1. Identificar os estratos (subgrupos).
2. Calcular o percentual de cada estrato na população.
3. Aplicar MAS em cada estrato para escolher os elementos de cada estrato, na respectiva proporção.

Duas condições devem ser atendidas sobre os estratos: eles devem ser mutuamente exclusivos (nenhum elemento pode pertencer a mais de um estrato) e devem ser exaustivos (todo elemento da população é elemento de algum estrato).

Um exemplo de aplicação dessa técnica de amostragem é a feita por [10]. Nela, os autores fizeram um levantamento de comunidades florísticas dentro do Parque Nacional de Limpopo, considerando as principais paisagens lá presentes: solos calcários, solos rasos de riolito, e solos arenosos profundos. Nesse exemplo, fica nítida a necessidade de estratificar a amostra, uma vez que as paisagens que abrigam a população estudada apresentam uma forte heterogeneidade.

Já no estudo de satisfação em relação às condições de trabalho de profissionais de saúde feito por [11], os autores estratificaram a população pela área geográfica de atendimento e pelo nível de complexidade da assistência. Nesse trabalho, considerou-se também a proporção de enfermeiros e auxiliares de enfermagem.

Como atividade complementar, sugiro que faça uma leitura dos blogs listados na seção Bibliografia/Referências.

Praticando para aprender

Siga as mesmas instruções da prática anterior.

1. Qual das seguintes técnicas de amostragem é caracterizada pelo uso de uma lista de elementos selecionados aleatoriamente de uma população?

   a) Amostragem estratificada

   b) Amostragem sistemática

   c) Amostragem por conglomerados

   d) Amostragem aleatória simples

2. Em que técnica de amostragem os elementos da população são divididos em grupos homogêneos e, em seguida, uma amostra é selecionada de cada grupo?

   a) Amostragem aleatória simples

   b) Amostragem estratificada

   c) Amostragem sistemática

   d) Amostragem por conglomerados

3. Quando se deseja garantir uma representação proporcional de diferentes subgrupos da população, qual técnica de amostragem é mais apropriada?

   a) Amostragem aleatória simples

   b) Amostragem estratificada

   c) Amostragem sistemática

   d) Amostragem por conglomerados

4. Em qual técnica de amostragem é crucial o conhecimento prévio da ordem dos elementos na população?

   a) Amostragem aleatória simples

   b) Amostragem estratificada

   c) Amostragem sistemática

   d) Amostragem por conglomerados

5. Qual técnica de amostragem envolve a seleção de elementos da população de acordo com uma distribuição probabilística específica?

   a) Amostragem aleatória simples

   b) Amostragem estratificada

   c) Amostragem sistemática

   d) Amostragem por conglomerados

   Gabarito.

MEDINDO AS COISAS PELO MEIO...

Por que os valores intermediários nos interessam tanto?

O que você acha que aconteceria se as carteiras de uma escola fossem fabricadas com base na altura dos alunos mais baixos?

Medidas de Tendência Central

Com certeza você já ouviu diversas vezes as pessoas falando algo assim: "em média, eu assisto a três filmes por semana"; "eu faço dez quilômetros por dia, em média"; "ela sempre ficou acima da média"; "ele é um escritor mediano"; "eu faço a média". Pois bem, todas essas expressões se referem a mais conhecida medida de tendência central: a média aritmética.

Você sabia que, das medidas de tendência central, muita gente só conhece a média aritmética? Por isso mesmo, quando você fala em média, todos já admitem que você está falando de média aritmética. Mas ela não é apropriada para todos os casos. Por isso vamos falar também de outras importantes medidas de tendência central, como a média geométrica, a média harmônica e a média ponderada. Você também conhecerá, ou relembrará o que é moda e mediana em estatística.

Essas medidas podem ser calculadas com relação à população ou a uma amostra. Usaremos símbolos diferentes para cada uma. Além disso, podemos diferir entre dados agrupados e não agrupados para efetuarmos o cálculo.

A média aritmética é a soma dos valores associados às grandezas dividida pela quantidade desses valores. Por exemplo, se você soma o seu peso com o peso de um colega e divide por dois, você está calculando o peso médio de vocês.

Vamos começar com dados não agrupados.

Usando a letra X para o valor observado, temos as seguintes fórmulas:

$$\mu = \frac{\displaystyle\sum_{1}^{N} X}{N} \quad e \quad X = \frac{\displaystyle\sum_{1}^{n} X}{n},$$

nas quais a letra grega μ é lida como *mi* e representa a média populacional. E para se referir ao X, você pode falar X barra, que representa a média amostral.

Como este é um manual para quem não é especialista, não custa nada dizer que o símbolo sigma (Σ) significa somatório, e que o número 1 indica que a soma se inicia no primeiro ponto, sendo N e n as letras que informam que a soma termina neles. Por exemplo, se no lugar do n ou do N estivesse escrito o número 50, saberíamos há 50 observações a serem somadas.

Quer mais um exemplo? Vamos lá.

Considere 5 alunos cujas notas de português sejam 6, 4, 8, 9, 8. A média das notas desses alunos seria escrita na fórmula:

$$X = \frac{\displaystyle\sum_{1}^{5} X}{5} = \frac{6 + 4 + 8 + 9 + 8}{5} = 7$$

Fácil? Tudo certo.

Agora vamos ver como ficam as fórmulas para dados agrupados. Ah, claro, você quer entender melhor o que são dados agrupados. Tudo bem. Dizemos que os dados são agrupados quando eles estão organizados dentro de faixas de valores ou por valores simples. Essas faixas ou valores são chamadas de classes. Se em uma fábrica estamos interessados na grandeza altura, podemos agrupar os dados em faixas de valores, para adquirir fardamentos, por exemplo. Poderíamos criar faixas de valores e contar quantas pessoas estão dentro daquela faixa.

Se existem 20 pessoas cujas alturas estão entre 1,5 e 1,6 metro, então temos uma classe e sua frequência. Observe a tabela seguinte:

Classe (m)	Frequência
1,4 ⊣ 1,5	14
1,5 ⊣ 1,6	20
1,6 ⊣ 1,7	36
1,7 ⊣ 1,8	22
1,8 ⊣ 1,9	6
1,9 ⊣ 2,0	2
Total	100

Tabela 2: Exemplo de dados agrupados

Na Tabela 2 você pode observar que não sabemos exatamente qual é a altura de cada uma das 14 pessoas que estão na primeira classe de frequência. O que sabemos é que há 14 pessoas que usarão o fardamento do tamanho apropriado para essas alturas. Claro que em nosso exemplo, estamos simplificando, pois para determinar o tamanho apropriado são necessárias outras medições. Outra observação é sobre o símbolo ⊣. Ele significa que naquela classe, todos têm altura maior que o número que está a sua esquerda e, no máximo, iguais ao número que está a sua direita. Assim, na primeira classe, todos são mais altos que 1,4 m, podendo os seus representantes terem até 1,5 m.

Voltando para o cálculo da média, vamos usar o ponto médio de cada classe, uma vez que o agrupamento dos dados não nos permite saber qual a altura exata de cada um dos indivíduos. No caso da segunda classe, usaremos 1,55 para representar as alturas dos 20 indivíduos nela. As demais classes são tratadas de forma análoga.

Veja como ficam as fórmulas:

$$\mu = \frac{\sum\limits_{1}^{N} f.X}{N} \quad e \quad X = \frac{\sum\limits_{1}^{n} f.X}{n},$$

Sendo f a quantidade de observações na respectiva classe. Na Tabela 2, $f = 20$ e $X = 1,55$.

Vamos calcular a média das alturas dadas na tabela?

$$\mu = \frac{\sum\limits_{1}^{6} f_i.X_i}{100}$$

$$= \frac{14.1,45 + 20.1,55 + 36.1,65 + 22.1,75 + 6.1,85 + 2.1,95}{100}$$

$$= 1,64.$$

Pronto!

Sua vez! (Prática 3) Calcule a média aritmética considerando os dados agrupados na tabela:

Classe (kg)	Frequência
50 ⊣ 70	17
70 ⊣ 90	71
90 ⊣ 110	12
Total	100

Tabela 3: Pesos de funcionários hipotéticos.

Até aqui você viu que, quando se fala em tendência central,

pensamos em algo como "o que acontece pelo meio", ou coisa assim. A média aritmética é de longe a mais conhecida medida de tendência central e por vezes é aplicada inadvertidamente a dados com características diversas.

Uma pergunta que deveria ser feita, antes de mostrar uma fórmula para calcular o que quer que seja, é: qual a informação que essa medida fornece?

No caso da média aritmética, ela nos diz como se comportam os dados em referência a um valor central, desde que estes dados tenham sido obtidos pelo mesmo critério e tenham a mesma importância.

Arrá[2]! Agora você já deve estar pensando que usar a média aritmética para dar uma nota entre um trabalho escrito e uma prova não é uma boa escolha. Por quê? Porque essas notas não foram obtidas pelo mesmo critério. Da mesma forma, em uma escola que estabelece o método de calcular sua média entre duas etapas colocando pesos maiores na última etapa não parece uma escolha correta, uma vez que somente o professor saberá quais critérios utilizou e por isso saberá quais os pesos justos a serem atribuídos. Viu como você está ficando mais crítico nesse ponto? Isso é bom.

Quanto à outra parte, a de terem a mesma importância, no caso de uma prova, conseguir lembrar de uma definição deve ser menos importante do que saber o que fazer com ela, concorda? Então, no caso de os dados terem importâncias diferentes, a média aritmética não é uma boa escolha.

Agora que você já sabe que os dados precisam ter sido

---

[2]É assim que escrevo "arrá", não me preocupo se outros autores escrevem diferente.

coletados pelo mesmo critério e que eles devem ter a mesma importância, é hora de aprender um pouco sobre as propriedades da média aritmética. Opa! Não espere aqui uma lista linear de propriedades para memorizar… Não mesmo. O que faremos será alguns testes, com poucos dados. Eventualmente, se não for muito obscuro, faremos uma indicação de prova dessas propriedades.

Teste 1: dados = {2, 5, 8}. Sua média aritmética é 5, i.e.,

$(2 + 5 + 8)/3 = 15/3 = 5$.

O que aconteceria se multiplicássemos cada valor por 2, por exemplo?

$(2x2 + 2x5 + 2x8)/3 = 30/3 = 10$. A média também foi multiplicada por 2. Isso ocorre para qualquer número e qualquer quantidade de dados. Se você quiser, pode fazer a prova para n dados multiplicando cada um por um número k. E a divisão? Se k não for zero, pode usar $1/k$ que teremos o mesmo resultado.

Teste 2: dados = {2, 5, 8}. Sua média aritmética é 5, i.e., $(2 + 5 + 8)/3 = 15/3 = 5$.

E que tal subtrair uma unidade de cada número? $(1 + 4 + 7)/3 = 4$. Será que isso acontece para qualquer número? $(2\text{-}n + 5\text{-}n + 8\text{-}n)/3 = (15 - 3n)/3 = 15/3 - 3n/3 = 15/3 - n$. Uau! É verdade! Mas, será que vale para quaisquer dados e em qualquer quantidade? Sua vez…

Seria ótimo continuar brincando com a média aritmética, mas, sugiro que você mesmo faça outros testes, variando os que já foram feitos e descobrindo, por conta própria, outras propriedades.

Mudando de assunto, falaremos de **média geométrica**.

A média geométrica é feita com base na média aritmética. Você sabe que a média aritmética é a soma de n números dividida por n. Podemos trocar cada dado pelo seu logaritmo na média aritmética:

$$\frac{ln(x_1) + ln(x_2) + ...ln(x_n)}{n}$$

Agora, aplicamos a esse número a exponencial... Opa! Talvez você não se lembre, mas a função exponencial é a função inversa da logarítmica natural, isto é, ela meio que "desfaz" o que a outra fez. Por exemplo, se uma "transforma" zero em um, a outra "transforma" um em zero.

$$exp\left(\frac{ln(x_1) + ln(x_2) + ... + ln(x_n)}{n}\right) =$$

Vejamos:
$$= exp\left(\frac{1}{n}ln(x_1 x_2 \cdots x_n)\right) = exp\left(ln\sqrt[n]{x_1 x_2 \cdots x_n}\right)$$

Na última parte da equação, usamos a propriedade de logaritmos: $ln(a^b) = b.ln(a)$.

Daí, a média geométrica é dada por $Mg = \sqrt[n]{x_1 x_2 \cdots x_n}$

Bonito, não?

Pois é... Mas, para que serve essa medida?

Peguei oito preços de fechamento, coletados em 3 e 5 dias consecutivos, das ações negociadas na bolsa de valores brasileira de uma companhia brasileira.

Preço de Fechamento	8,59	8,27	8,24	7,80	7,83	7,44	7,97	7,40
Dia	16	17	18	21	22	23	24	25

Se você calcular a média aritmética, obterá o preço R$ 7,94. Aplicando a média geométrica, temos R$ 7,93. Pouca diferença, não é mesmo? Isso ocorreu porque os preços estão próximos uns dos outros. No entanto, na bolsa de valores, é muito comum que ações que chegaram a mais de 200 reais também passem por preços na faixa de alguns centavos. Vejamos o que ocorre com os preços coletados de uma outra ação em 10 dias não consecutivos e arredondados, para melhorar sua manipulação.

78	48	64	42	64	54	23	16	4	2

Há uma oscilação, mas fica nítida a discrepância entre o maior o menor valor. **A média aritmética é 39,5** enquanto **a média geométrica é 25,18**. Agora a diferença entre os valores das médias ficou visível, concorda? A média aritmética está mais próxima de qual faixa de preços? A média geométrica está mais próxima de qual faixa de preços? 39,5 é bem próximo da metade do maior preço da lista; enquanto 25,18 parece ser um valor entre a faixa de preços mais altos e a a faixa de preços mais baixos.

Quanto mais homogêneos forem os dados, mais próxima a média geométrica estará da média aritmética. Se os dados estão distribuídos entre "valores altos" e "valores baixos" com diferenças acentuadas entre eles, a média geométrica mostrará isso.

Existe outra abordagem da média geométrica que é bastante ilustrativa. Você pode repetir as duas abordagens em seu caderno para praticar. Lembre-se: você aprende quando pratica.

Mais uma vez, vamos observar a tabela com as taxas de crescimento de uma população P qualquer.

Ano	2017	2018	2019	2020
População (milhares)	100	120	132	165
Taxa de crescimento	-	20%	10%	25%

Tabela 4: Crescimento populacional de uma população P

Na Tabela 4, temos uma população inicial de 100 mil habitantes que cresceu a uma taxa de 20% de 2017 para 2018. O que aconteceria se você aplicasse a taxa média (aritmética) aos três anos, sucessivamente? Vamos ver:

$$X = \frac{1,2 + 1,1 + 1,25}{3} = 1,1833333333.$$

, isto é, uma taxa média de 18,33%.

Aplicando esta taxa ao valor inicial e depois sucessivamente aos valores obtidos, teremos o seguinte resultado: 118, 33 para 2018; 140,03 para 2019; 165,70 para 2020.

Podemos observar que $120/100 = 1,2$; $132/120 = 1,1$; $165/132 = 1,25$. Vamos reorganizar esses valores da seguinte maneira:

$$132/1,1 = 120 \rightarrow \frac{132/1,1}{100} = 1,2 \rightarrow 132/100 = 1,2 \times 1,1$$
$$132 = 165/1,25$$
$$\rightarrow \frac{165/1,25}{100} = 1,2 \times 1,1 \rightarrow 165/100 = 1,2 \times 1,1 \times 1,25$$

Supondo um valor médio constante entre as taxas, digamos μ_G, teríamos:

$$\frac{\mu_G}{1,2} = \frac{1,1}{\mu_G} \rightarrow \mu_G^2 = 1,2 \times 1,1,$$

e daí por diante.

Assim:

$$\mu_G = \sqrt[3]{1,2 \times 1,1 \times 1,25} = 1,18166575.$$

Vamos aplicar essa taxa média nos valores da população P.

$$\mu_G \times 100 = 118,1665750468.$$
$$\mu_G \times 118,1665750468 = 139,6333945828.$$
$$\mu_G \times 139,6333945828 = 165.$$

Opa! Usando esta média conseguimos obter o valor exato da população para o último ano. Esta é a chamada média geométrica e sua fórmula para n pontos é a seguinte:

$$\mu_G = \sqrt[n]{X_1 \times X_2 \times \dots \times X_n}$$ para dados não agrupados, e

$$\mu_G = \sqrt[n]{X_1^{f_1} \times X_2^{f_2} \times \dots \times X_n^{f_n}},$$ para dados agrupados.

Viu por que nem sempre a média aritmética é a medida de tendência central mais adequada para determinadas grandezas? Então, vamos treinar.

Prática 4: calcule a média geométrica entre os números 4 e 9.

Observe que se

$$\mu_G = \sqrt[n]{X_1^{f_1} . X_2^{f_2} \dots X_n^{f_n}}, \text{então,}$$

$$log\mu_G = \frac{1}{n}[f_1 log X_1 + f_2 log X_2 + \dots + f_n log X_n]$$

é uma fórmula alternativa para calcular a média geométrica. Ela é obtida aplicando-se as propriedades básicas dos logaritmos. Depois de se calcular a parte à direita, aplica-se a definição de logaritmo para se obter o valor da média geométrica.

Harmônica aqui não é uma Gaita

Para a mesma lista de dez preços dada na seção sobre média geométrica, calculamos a média harmônica. Observe as três médias:

Média Aritmética	Média Geométrica	Média Harmônica
39,50	25,18	10,38

Ora, ora… Então a média harmônica está mais próxima dos valores 16, 4 e 2 e bem longe dos valores acima de 50. Agora você já deve ter percebido que conhecer essas três médias pode dar uma boa pista de como os dados estão distribuídos.

Como calcular a média harmônica? O princípio da construção é o mesmo que foi empregado na média geométrica. Isto é, modificamos os valores, aplicando uma operação, tiramos a média aritmética desses valores modificados e, por fim, aplicamos a operação inversa a essa média.

Achou confuso? Acho que você entende melhor vendo as equações:

$$(1)\ op(x_i) = {}^1\!/x_i$$

$$(2)\ \frac{\dfrac{1}{x_1} + \dfrac{1}{x_2} + \cdots + \dfrac{1}{x_n}}{n}$$

$$(3)\ M_h = \frac{1}{\dfrac{\dfrac{1}{x_1} + \dfrac{1}{x_2} + \cdots + \dfrac{1}{x_n}}{n}} = \frac{n}{\dfrac{1}{x_1} + \dfrac{1}{x_2} + \cdots + \dfrac{1}{x_n}}$$

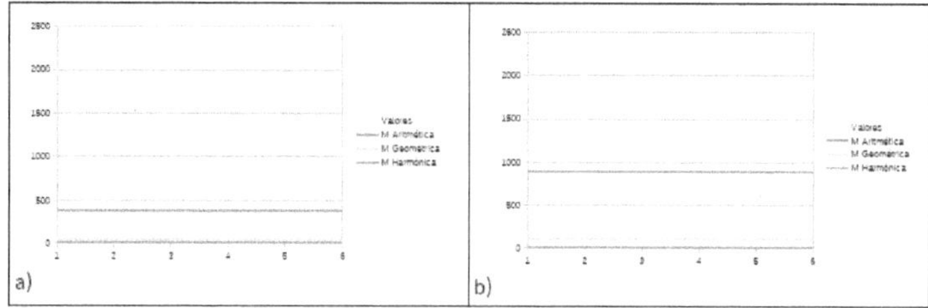

Figura 1: Comparação entre médias aritmética, geométrica e harmônica; a) valores baixos com um valor discrepante; b) metade dos valores são altos e metade são baixos, relativamente.

A seguir, veremos três gráficos mostrando as três médias para três conjuntos de dados fictícios.

Perceba que, no gráfico a, as três médias estão abaixo da linha dos 500; no gráfico b, a média aritmética se situa perto da linha dos 1000, enquanto as médias geométrica e harmônica se situam mais perto dos menores valores. Vejamos os dados que geraram os dois gráficos:

Graf. a	2.000	150	50	4	1	20
Graf. b	1.500	2.000	1.800	5	10	3

Como você pode notar, nos dados do gráfico a, há um valor discrepante, muito maior do que todos os outros valores.

Em a, a média aritmética capturou parcialmente essa característica dos dados, descendo apenas um pouco abaixo da linha dos 500, que é a 1/4 do maior valor entre os dados.

Nos dados do gráfico b, há uma divisão entre valores muito altos e valores muito baixos, relativamente. Note que agora a média aritmética identificou certo equilíbrio entre os valores mais altos e os mais baixos, ficando mais próxima da metade do valor mais alto.

Isso nos dá pouca informação sobre a distribuição dos dados, pois todos os valores poderiam girar em torno do valor da média, i.e., 886,33. Sem as outras médias, somente vendo a tabela de valores poderíamos enxergar a discrepância entre os maiores e os menores valores, estes sendo 10, 5 e 3.

O valor da média geométrica, para esse conjunto de dados, foi de 96,55, quase dez vezes menor do que o da média aritmética.

Já o da média harmônica foi de 9,45, quase cem vezes menor do que o da aritmética e dez vezes menor do que o da geométrica.

Para finalizar nossas comparações, vamos ao terceiro gráfico.

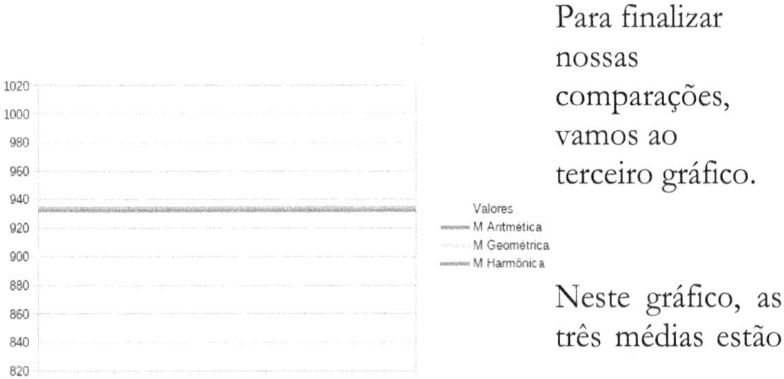

Figura 2: Comparação entre médias com dados em certa homogeneidade.

Neste gráfico, as três médias estão

quase se sobrescrevendo. Seus valores são: média aritmética, 934,17; média geométrica, 933,48; média harmônica, 932,80. São valores bem próximos, em que a média harmônica é a menor, a geométrica é intermediária e a aritmética é a maior entre as três médias. Quando há essa proximidade entre as médias, como esperamos que os dados estejam distribuídos? Veja os valores que geraram o gráfico listados abaixo:

900	950	925	890	940	1000

Vamos pensar numa situação em que as médias geométrica e harmônica seriam particularmente úteis?

Antes disso, você já deve ter percebido que, diferentemente da média aritmética, nem a geométrica, nem a harmônica suportam dados nulos como entrada. No caso da geométrica, os dados devem ser maiores que zero. Normalmente omitimos essa informação quando estamos falando por acharmos óbvio a qualquer pessoa que tenha conhecimento básico em matemática. Por isso, na construção das médias, feita acima, não nos preocupamos em indicar as restrições (porque são óbvias).

Agora sim! Imagine um *sniper* que atirou 1000 vezes em situações críticas e errou apenas uma vez. Se você quiser calcular a média entre erros e acertos desse *sniper*, não seria justo usar a média aritmética, concorda? Então, dado que um *sniper* errar seu tiro é um evento indesejado, a melhor média seria a geométrica. E por que não a harmônica? Porque estamos numa situação que envolve riscos de natureza grave. A média harmônica daria uma ilusão de pouco risco, enquanto a geométrica daria uma visão mais equilibrada entre a média de erros e os riscos envolvidos nesse erro.

Você pode pensar em outras situações para o uso dessas médias? Faça e compartilhe em suas redes sociais!

Agora vamos abordar mais uma vez essa média, mas, de uma forma ligeiramente diferente. Já ouviu falar de média **subcontrária**? Pois esse é um outro nome usado pela média harmônica. Como vimos, ela é utilizada, geralmente, na obtenção da média de taxas e envolve, necessariamente, números positivos em sua fórmula (lembra da fórmula? Não tem problema:)

$$\mu_H = \frac{N}{\sum\left(\frac{1}{X_i}\right)}$$

N representa o número de elementos a serem considerados no cômputo. X_i é a medida do elemento i.

Geralmente, essa média envolve grandezas inversamente proporcionais, isto é, aquelas cujo crescimento de uma implica o decrescimento da outra e vice-versa.

Vamos calcular a média harmônica para dois elementos: X_1 = a, X_2 = b.

$$\mu_H = \frac{2}{\frac{1}{a}+\frac{1}{b}}$$

Para dados agrupados, em que cada classe está associada a uma frequência, tem-se:

$$\mu_H = \frac{N}{\sum\left(\frac{f_i}{X_i}\right)}$$

Neste caso $N = \sum f_i$ e k é o número de classes. Xi é o valor médio em cada intervalo.

Prática 5. Calcule a média harmônica entre os valores a = 4 e b = 9.

Práticas 6. Dada a seguinte tabela, calcule a média harmônica.

Xi	Frequência
15 ⊢ 17	12
17 ⊢ 19	84
19 ⊢ 21	265
21 ⊢ 23	281
23 ⊢ 25	260
25 ⊢ 27	83
27 ⊢ 29	15
Total	1000

Você está na Moda?

A **moda** é o valor que ocorre mais frequentemente, isto é, o que se verifica mais vezes que os demais. Por exemplo, dos dados não agrupados 1, 2, 2, 2, 5, 6, 8, 8, 8, 8, 9, 9, tem-se que 8 é a moda.

Para dados agrupados, a fórmula mais utilizada é a de Czuber:

$$M_o = L + h\frac{d_1}{d_1 + d_2}$$

L é o limite inferior da classe modal (classe mais frequente), h é o intervalo de classe, d_1 representa a diferença em valor absoluto das classes modal e pré-modal, d_2 é também uma diferença em valor absoluto, mas entre as classes modal e pós-modal.

Que tal usar a mesma DF da Prática 6 para praticar o cálculo de um valor para a moda em dados agrupados? Qual é a classe modal naquela DF? No caso, d1 = |281 − 265| e o valor de d2 é |260 − 281|.

Mediana

A **mediana**, para dados não agrupados, é calculada pela fórmula $\frac{N + 1}{2}$

Para dados agrupados, temos:

$$mediana = L + h\frac{N/2 - F}{f_n}$$

L representa o limite inferior da classe mediana; h, o intervalo de classe; N, o número de observações na população (use n se se tratar de amostra); F é o total das frequências até a classe mediana, excluindo-se a mesma; f_n é a frequência da classe mediana.

Pratique calculando a mediana da DF na Prática 6. Elabore outras distribuições de frequência e pratique o cálculo das medidas dadas até aqui.

Como você fará isso? Uma das formas mais fáceis é obter dados na internet, em sites de órgãos públicos, como o Instituto de Pesquisa Econômica Aplicada (IPEA), o

Instituto Nacional de Estudos e Pesquisas Educacionais (INEP), o IBGE, entre outros.

Além disso, você mesmo poderá coletar dados para praticar.

Sugestão de Atividade

Coletar dados de desempenho escolar de alunos do ensino fundamental com base em medidas de tendência central.

Instruções:

1. Revise as fases do trabalho estatístico, definindo como problema conhecer os hábitos de consumo de séries fílmicas de, pelo menos, 20 pessoas.

2. Use um questionário com apenas duas questões: a quantidade de episódios que a pessoa assiste por semana e em quais dias da semana ela vê séries fílmicas.

3. Os dados devem ser coletados diretamente.

4. Nenhum dos participantes deverá ser identificado ou identificável. Tenha em mente que dados são objetos valiosos e nem sempre se pode contar com a colaboração espontânea das pessoas.

Média Móvel

A média móvel se tornou popular por conta da pandemia de 2019 até 2021 (ainda estamos nesta no ano de lançamento desta edição...), infelizmente. Mas, ela é uma velha conhecida do mercado financeiro, sendo usada para indicar tendências de subida ou de queda de ativos ao longo do tempo.

Seu funcionamento básico é bastante simples e basta que você o compreenda para entender todas as suas variações.

Imagine que você está contando o número de pessoas que veem seus vídeos por dia. Hoje, você pode calcular a média, digamos, das visualizações nos últimos 5 dias. Mas, amanhã, os 5 dias serão outros, concorda? O que você precisa fazer? Isso mesmo, pegar a nova quantidade de visualizações e deletar a mais antiga.

Veja uma ilustração:

Dia mais antigo	2º dia	3º dia	4º dia	5º dia	Dia novo

Sua primeira média seria igual a

(Dia mais antigo + 2º dia + 3º dia + 4º dia + 5º dia)/5

Sua segunda média seria igual a

(2º dia + 3º dia + 4º dia + 5º dia + Dia novo)/5

Sua média está "se movendo" para a frente, de acordo com a passagem do tempo. Cada média calculada pode ser anotada para gerar o gráfico da média móvel.

Praticando para Aprender

Responda às perguntas sem pesquisar e refaça até que sua pontuação seja a máxima possível. São 2 pontos por questão.

1. Sobre a média aritmética de 5 notas em matemática de certo aluno, é correto dizer:

   a) É obtida pela razão entre os inversos das notas e o total de notas.

   b) Se for adicionada uma unidade a cada nota, a média fica aumentada de uma unidade.

   c) Se a média for 1, então nenhuma das notas pode ser 5.

   d) Pode ser usada para determinar se o aluno não obteve nenhuma nota zero.

2. Para escolher uma ação entre cinco ações na bolsa de valores, Marcos calculou as médias aritmética, geométrica e harmônica dos seus preços nos últimos 100 pregões. Ele optou por uma cujos preços variaram menos no período avaliado. Podemos, assim, especular que as médias dos preços da ação escolhida:

   a) Eram consideravelmente próximos entre si.

   b) Eram consideravelmente distantes entre si.

   c) Tinham valores próximos de zero.

   d) Tinham valores 1, 2 e 3.

Gabarito.

52

EI!, NÃO FIQUE DISPERSO LOGO AGORA...

Você sabia que a dispersão pode ser superimportante

Isso mesmo. Por isso precisamos medi-la!

MEDIDAS DE DISPERSÃO

Revisão relâmpago

Certa indústria, compra folhas retangulares de metal medindo 2 m x 8 m e quer, a partir de cerca data, passar a comprar folhas quadradas de mesma área. Qual deve ser a medida do lado dessa da folha quadrada?

Introdução

Como você pode desconfiar pelo nome, medida de dispersão mede o quanto disperso estão os dados, ou seja, mede uma distância entre os dados.

Por exemplo, considere que um aluno tem a média em uma disciplina igual a 8. Essa informação é suficiente para que saibamos que o aluno foi aprovado naquela disciplina. Mas não sabemos se o desempenho dele foi o mesmo em todos os tópicos abordados e seria justamente essa conclusão que poderíamos ter se usássemos apenas a média aritmética.

Digamos que este aluno foi submetido a 5 provas escritas, cujas notas foram usadas para calcular a média aritmética e que cada prova correspondeu a um dos tópicos apresentados. Uma media de dispersão pode nos dar uma pista de que algum fato inusitado possa ter acontecido.

No nosso exemplo, o aluno poderia ter tirado nota 10 em 4 provas e zero em uma das 5 provas que fez. A medida de dispersão nos ajuda a captar essa informação, embora não sejamos capazes de saber o motivo da discrepância entre as 4 notas 10 e a nota zero.

Como discutido, as medidas de tendência central não são

capazes de descrever apropriadamente a forma como os dados se distribuem, sendo, portanto, necessárias outras medidas, eficazes para esta finalidade. São elas as medidas de dispersão.

Estas medidas nos informam de que maneira os dados estão distribuídos. Superficialmente falando, elas nos dizem se os dados estão muito juntos, muito separados, ou mesmo, se os dados estão concentrados em uma região.

Antes de jogar diante de seus olhos um aglomerado de fórmulas e depois tentar achar alguma aplicação que justifique o tempo que você investiu lendo este texto, quero inverter o processo. Isto é, primeiro quero colocar você diante de uma necessidade, depois, apresentar a ferramenta que suprirá tal necessidade.

Pesquisa de preço

Você quer abrir uma sanduicheria no bairro, mas antes precisa estabelecer a que preço poderá vender seus sanduíches. Uma das formas usuais é pesquisar a opinião da população sobre que preço estaria disposto a pagar por um sanduíche com as qualidades do seu sanduíche. Uma vez que você provavelmente não terá oportunidade de pesquisar a população inteira, terá de usar uma amostra (neste ponto, você é encorajado a revisar o assunto de amostras para escolher a melhor técnica de amostragem neste caso).

No resultado da sua pesquisa haverá o maior e o menor preço citado pelos participantes. A diferença entre o maior e o menor preço é chamada de **amplitude**.

Ah! Você já viu amplitude nas distribuições de frequência, claro. Mas lá, a amplitude servia apenas para definir o intervalo de classe. Aqui, podemos usar para perceber eventuais distorções, como, por exemplo, se o preço mais alto é $ 50,00 e o mais baixo é $ 5,00, talvez haja algo de errado na elaboração do problema.

Na sala de aula

Se você fosse um coordenador de uma escola e fosse, além disso, bastante dedicado a sua escola, poderia usar a amplitude para detectar possíveis distorções a partir das notas dos alunos. Se a diferença entre a maior e a menor nota for muito grande, pode haver algum problema.

Por outro lado, podemos concordar que a amplitude pode indicar uma distorção, mas, sozinha, não nos diz muita coisa, pelo menos neste caso. Então, que tal dividirmos as notas em quatro grupos?

Os grupos serão: 0 a 2,5; 2,5 a 5,0; 5,0 a 7,5; e 7,5 a 10,0. Para não correr o risco de contar mais de uma vez a mesma pessoa, o número à esquerda é incluso no intervalo e o da direita excluso, exceto o 10, por ser o último e ser uma nota possível.

O mesmo poderia ser indicado por meio da notação matemática:

[0,0; 2,5), [2,5; 5,0), [5,0; 7,5), [7,5, 10,0].

O colchete indica inclusão, enquanto os parênteses indica exclusão. Em outras palavras, no primeiro intervalo, podemos ter notas desde zero até 2,4, mas nenhuma nota igual a 2,5.

Agora, podemos ver em quais intervalos se concentram as notas. Vejamos dois casos e abordagens possíveis.

1. A MAIORIA ESTÁ NO PRIMEIRO INTERVALO E APENAS UM ESTÁ NO ÚLTIMO

Há um forte indício de que os testes foram difíceis para todos, tendo apenas uma pessoa se destacado do grupo. É preciso investigar as razões para isso.

2. APENAS UM ESTÁ NO PRIMEIRO INTERVALO E OS DEMAIS SE DISTRIBUEM ENTRE O TERCEIRO E O ÚLTIMO INTERVALO

A pessoa que está no primeiro intervalo, provavelmente está enfrentando uma situação peculiar que está se refletindo negativamente no seu desempenho. Pode indicar a necessidade de conversar com a pessoa para saber entender o que está havendo.

Imagine outras combinações para exercitar sua habilidade de análise.

Em estatística, existem divisões muito famosas, chamadas de **quartis**, **decis** e **percentis**.

Um conjunto de dados pode ser dividido em 3 quartis, 9 decis ou 99 percentis.

Podemos usar um conjunto simples possuindo vinte elementos: $\{1, 1, 3, 3, 3, 4, 4, 5, 6, 6, 6, 6, 7, 7, 7, 9, 9, 10, 10, 10\}$.

$$Q_1 = 20/4 = 5 \rightarrow \textit{Média entre o } 5^{\underline{o}} \textit{ e o } 6^{\underline{o}} \; m_1 = \frac{3+4}{2} = 3{,}5$$

$$Q_2 = 20/2 = 10 \rightarrow \textit{Média entre o } 10^{\underline{o}} \textit{ e o } 11^{\underline{o}} \; m_2 = \frac{6+6}{2} = 6$$

$$Q_3 = 3 \times 20/4 = 15 \rightarrow \textit{Média entre o } 15^{\underline{o}} \textit{ e o } 16^{\underline{o}} \; m_3 = \frac{7+9}{2} = 8$$

Acima, todos os resultados foram números inteiros. Caso

isso não ocorra, a convenção diz que se deve tomar o número inteiro imediatamente superior ao obtido.

Observando os quartis, podemos concluir que os cinco menores valores são menores que 3,5; os dez menores valores se situam abaixo de 6; os quinze menores ficaram abaixo de 8. Olhe novamente os dados e verá que apenas cinco estão acima de 8, sendo eles 9, 9, 10, 10, 10.

Para dados agrupados, o raciocínio é similar ao usado para a mediana.

Os quatis, decis e percentis não são propriamente medidas de dispersão, mas separam os dados em partes que podem indicar como os dados estão distribuídos.

Algo não se encaixa

Como você já viu, o desvio-médio e o desvio-padrão medem distâncias entre a média e os demais dados. O desvio-padrão, por exemplo, pode ser usado para se detectar uma falha no processo de produção de peças. Obviamente, as peças deverão se encaixar em algum lugar, logo, um desvio-padrão muito alto, pode indicar problemas que, eventualmente, podem resultar em peças consideradas defeituosas. Falaremos mais sobre isso.

Desvio-Médio

O desvio-médio (DM) serve para medir a distância média entre os dados e a média e é calculado usando as seguintes expressões para dados não agrupados *deumapopulaçãodeumaamostra*

$$DM = \frac{\sum |X - \mu|}{N} \qquad DM = \frac{\sum |X - \overline{X}|}{n}$$

Se os dados estão agrupados, inserem-se as respectivas frequências para multiplicar as diferenças entre o elemento e sua média

$$de\ uma\ população \qquad de\ uma\ amostra$$

$$DM = \frac{\sum f|X - \mu|}{N} \qquad DM = \frac{\sum f|X - \bar{X}|}{n}$$

X é o ponto médio da i-ésima classe e f, a frequência a ele associada.

Variância

Qual a distância entre cada elemento e o valor central? Quem responde a essa pergunta é a variância. A letra grega é σ^2 usada para representar a variância – ou segundo momento de uma distribuição – de uma população, enquanto S^2 representa a variância em uma amostra.

Para dados não agrupados, a variância é dada por

$$de\ uma\ população \qquad de\ uma\ amostra$$

$$\sigma^2 = \frac{\sum (X - \mu)^2}{N} \qquad S^2 = \frac{\sum (X - \bar{X})^2}{n - 1}$$

Em se tratando de dados agrupados, inserimos valores médios de cada classe e a respectiva frequência. O cálculo passa a ser dado por

$$de\ uma\ população \qquad de\ uma\ amostra$$

$$\sigma^2 = \frac{\sum f(X - \mu)^2}{N} \qquad S^2 = \frac{\sum f(X - \bar{X})^2}{n - 1}$$

Existe outra fórmula para calcular a variância e ela é dada a seguir:

$$V[X] = \frac{1}{n}\left[\sum X^2 - \frac{\left(\sum X\right)^2}{n}\right]$$

A variância combinada é calculada pele fórmula seguinte:

$$V[A+B] = \frac{1}{\eta_A + \eta_B}\left[\left(\sum A^2 + \sum B^2\right) - \frac{\left(\sum A + \sum B\right)^2}{\eta_A + \eta_B}\right]$$

Acima, a soma das observações A e das observações B são dadas, respectivamente, por A soma de seus quadrados, por Sendo as quantidades de valores observados de A e de B representados por ηA e ηB, nesta ordem.

Desafio: pesquise uma aplicação para a variância combinada e explique para outra pessoa (real ou imaginária).

Desvio-Padrão

Como você viu, o desvio-médio mede a distância média entre os dados e a média destes. O desvio-padrão mede quanto estão próximos ou distantes da média os valores que foram usados para seu cômputo, o que pode parecer muito com o que o DM faz. Mas o desvio-padrão é obtido a partir de outra fórmula:

Dados não agrupados

$$\sigma = \sqrt{\frac{\sum (X - \mu)^2}{N}} \, sobre\,uma\,população.$$

$$S = \sqrt{\frac{\sum (X - \overline{X})^2}{n-1}} \, sobre\,uma\,amostra.$$

$$\sigma = \sqrt{\dfrac{\sum f(X-\mu)^2}{N}} \quad sobre\,uma\,população.$$

Dados agrupados

$$S = \sqrt{\dfrac{\sum f(X-X)^2}{n-1}} \quad sobre\,uma\,amostra.$$

Coeficiente de Variação (CV)

Também conhecido como desvio-padrão relativo (DPR) é aplicado como medida de dispersão para distribuições de probabilidade ou distribuições de frequência. Seu cálculo é feito empregando-se a fórmula:

$$CV = \dfrac{\sigma}{\mu}\,sobre\,dados\,populacionais.$$

$$CV = \dfrac{S_x}{X}\,sobre\,dados\,amostrais.$$

Amplitude

A amplitude mede a diferença entre o maior e o menor valor dentre os valores observados. Logo, para calcular a amplitude, é necessário ordenar o conjunto de observações. A ordenação é uma operação estatística.

Exemplo: dadas as observações 2, 6, 10, 4, 4, 5, 7, 3, 9, 1, 1, qual seria sua amplitude? Primeiramente, ordene os dados: 1, 1, 2, 3, 4, 4, 5, 6, 7, 9, 10. Agora fica fácil reconhecer os valores máximo e mínimo das observações. Portanto a amplitude é 10 – 1 = 9.

E se os dados fossem agrupados, você acha que poderia calcular a amplitude? Como esse cálculo deveria ser feito?

Como você deve ter concluído, a amplitude, no caso de

dados agrupado, seria calculada com os limites dos intervalos de classe. Teríamos a amplitude de cada classe, que é a diferença entre os limites superior e inferior da classe, e a amplitude total, que é a diferença entre o limite superior da última classe e o limite inferior da primeira classe.

No item 5 da prática 7, por exemplo, cada classe tem amplitude igual a 5 (35 – 30; 40 – 35; e assim sucessivamente) e a amplitude total é igual a 30 (que é o resultado de 60 – 30).

Para pensar

Em vez de passar aqui uma lista de exercícios, prefiro sugerir algumas situações para estimular pensamento sobre estas medidas.

1. De que forma um administrador de uma loja de veículos poderia usar as medidas de dispersão para decidir sobre quais vendedores deveria demitir em uma situação na qual ele precise fazer um corte de pessoal?

2. Como um hospital poderia usar medidas de dispersão para melhorar o tempo de espera por atendimento de seus pacientes?

3. Qual uso pode dar um gestor escolar das medidas de dispersão para detectar problemas com alunas ou alunos?

4. Se um comerciante quisesse fazer uma promoção para aumentar as vendas, você consegue visualizar algum uso para as medidas de dispersão que o ajude com tal objetivo?

5. Pesquise sobre usos possíveis das medidas de dispersão na indústria.

Sugestões de respostas.

Prática 7

1. Considere os vencimentos em reais de 9 pessoas escolhidas aleatoriamente em uma empresa: 1.200,00; 990,00; 1.300,00; 1.100,00; 900,00; 2.000,00; 1.500,00; 1.900,00; 1.100,00. Calcule:

a) o Desvio Médio; b) a Variância; c) o Desvio padrão; d) o Coeficiente de Variação.

2. Compare os valores calculados no item 1 com a média aritmética dos vencimentos dados.

3. O que acontece com cada uma das medidas calculadas no item 1, se substituirmos o último valor dado pelo valor R$ 5.000,00?

4. O que você acha que significa a alteração ocorrida na sugestão feita no item 3?

5. Considere a distribuição de frequência a seguir:

Classe (Peso (kg))	Frequência
30 ⊢ 35	12
35 ⊢ 40	18
40 ⊢ 45	20
45 ⊢ 50	30
50 ⊢ 55	15
55 ⊢ 60	14
Total	109

a) Calcule todas as medidas de tendência central e as medidas de dispersão vistas.

b) Avalie os resultados.

<u>Gabarito</u>.

DE FORMA ALGUMA VOCÊ PODE DEIXAR DE MEDIR...

Platicúrtica, Leptocúrtica, Mesocúrtica.

As três irmãs que você que deve conhecer.

MEDIDAS DE FORMA

Revisão relâmpago

Ao se calcular a variância de uma amostra populacional, dividimos por n-1, em vez de n. O motivo para isso é que, caso os elementos escolhidos para compor a população estejam distantes da média populacional, a divisão por n-1 melhora a estimativa da variância dada pela variância amostral.

Introdução

As variáveis aleatórias são variáveis quantitativas cujos valores são o resultado de eventos aleatórios, como o número de vezes que aparece o 3 em 12 lançamentos de um dado não viciado, por exemplo. Podemos compreendê-las como funções que associam elementos do espaço amostral ao conjunto de números reais ($\square$).

A seguir, temos a distribuição de uma variável aleatória obtida pelo lançamento consecutivo de duas moedas. Chamaremos de evento X o número de vezes que a face coroa (B) da moeda pode aparecer.

Tabela 1 – X e P(X)

X	P(X)
0	0,25
1	0,50
2	0,25
Total	1,00

Na tabela dada, P(X) é a probabilidade de ocorrência para

cada valor, pois, se você lançar duas moedas consecutivamente, pode ser que a primeira seja cara e a segunda coroa (1 coroa); pode ser que a primeira seja coroa e a segunda cara (1 coroa); pode ser que as duas sejam coroas (2 coroas); e pode ser que as duas sejam caras (0 coroa). Como você pode acompanhar, são quatro resultados possíveis, totalmente aleatórios, por isso temos 2/4=0,50 como a quantidade de resultados igual a 1 em 4 possíveis.

Analogamente, você pode calcular o valor relativo, isto é, a chance de ocorrência dos demais valores. O número de chances, ou a probabilidade de não ocorrência de uma face coroa é de 0,25, isto é, 1 em 4.

Mas também é possível calcular a probabilidade de ocorrência de pelo menos 1 resultado ser coroa. Isto é, $P(X \geq 1)$.

Note que o mesmo resultado poderia ser obtido se você somasse as probabilidades de X ser igual a 1 e de X ser igual a 2, isto é, $P(X=1)+P(X=2) = 0,25+0,50 = 0,75$.

Vamos tomar os valores dados na tabela 1 e fazer um gráfico de barras com ele. O gráfico de barras, em geral é feito com retângulos cuja altura representa o valor de $P(X)$ e a posição horizontal dada pelo valor de X.

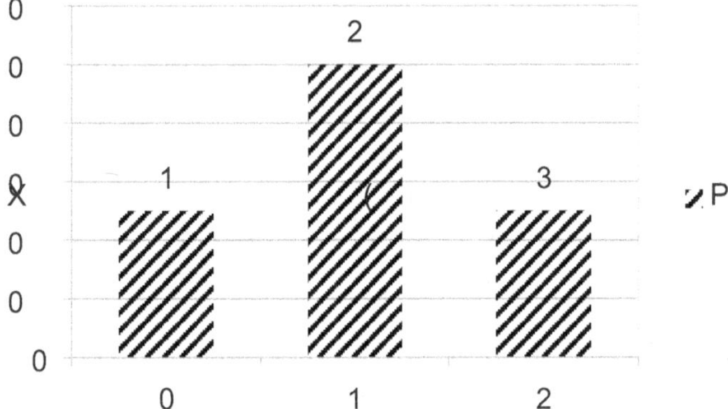

Acima, se você fizer um ponto bem no meio do todo de cada barra e desenhar por esses pontos uma parábola, esta será simétrica ou assimétrica? Agora já podemos começar a falar das medidas de assimetria.

Medidas de Assimetria

Coeficiente de Assimetria

Para medir a assimetria de uma distribuição, podemos usar o Coeficiente de Assimetria de Pearson. Vamos designá-lo por CA.

As seguintes distribuições são simétricas:

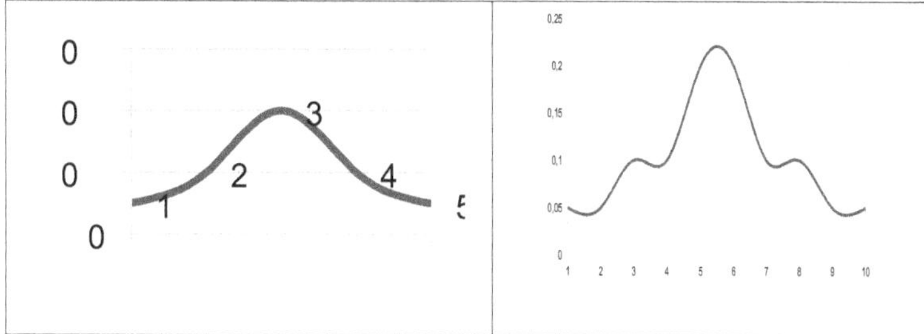

Lembrete: o momento de ordem r é o somatório dos elementos de uma distribuição, cada um deles elevado a r.

É possível calcular o CA por meio da divisão do **terceiro momento** pelo cubo do desvio padrão.

Medida de Curtose

Esta é uma medida com relação à forma da distribuição, medindo o achatamento da curva de distribuição. As fórmulas de cálculo são dadas a seguir:

$$para\,população \qquad para\,a\,amostra$$

$$C = \frac{\sum f(X - \mu)^4}{\sigma^4} \qquad C = \frac{\sum f(X - \bar{X})^4}{s^4}.$$

Veja as formas e os nomes especiais que se dá a cada uma delas.

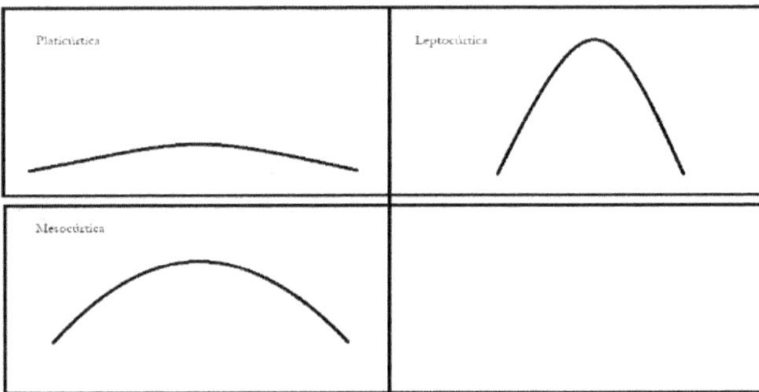

Figura 3-Curvas a) platicúrtica, b) leptocúrtica e c) mesocúrtica.

VERIFICAÇÃO DE CONHECIMENTOS 1

Do Concurso de Admissão ao Cargo de Analista do CNMP (2015)

01. (CNMP2015) A tabela de frequências absolutas abaixo corresponde à distribuição dos valores dos salários dos funcionários de nível médio lotados em um órgão público no mês de dezembro de 2014.

Classe de Salários (R$)	Frequências Absolutas
1.500 ⊢ 2.500	f_1
2.500 ⊢ 3.500	f_2
3.500 ⊢ 4.500	f_3
4.500 ⊢ 5.500	f_4
5.500 ⊢ 6.500	f_5
6.500 ⊢ 7.500	f_6

Obs.: $f_i = -i^2 + 10i + 1$, $1 \leq i \leq 6$.

O valor da mediana destes salários, obtido pelo método da interpolação linear, é, em R$, igual a

(A) 5.320,00.   (B) 5.040,00.   (C) 5.260,00.

(D) 4.900,00.   (E) 5.400,00.

02. (CNMP2015) Analisando a quantidade diária de processos autuados em uma repartição pública, durante um período, obteve-se o seguinte gráfico em que as colunas representam o número de dias em que foram autuadas as respectivas quantidades de processos constantes no eixo horizontal.

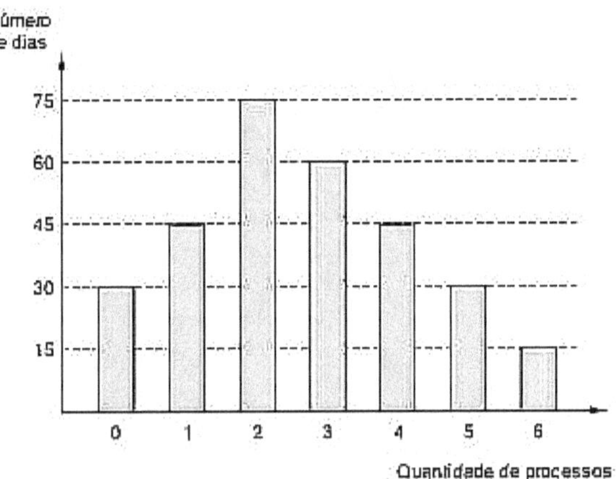

A soma dos valores respectivos da mediana e da moda supera o valor da média aritmética (quantidade de processos autuados por dia) em

(A) 1,85.   (B) 0,50.   (C) 1,00.

(D) 0,85.   (E) 1,35.

03. (CNMP2015) Em uma empresa, 55% dos empregados são do sexo masculino e a média aritmética dos salários de todos os empregados da empresa é igual a R$ 3.000,00. Sabe-se que a média aritmética dos salários dos empregados do sexo masculino é igual a média aritmética dos salários dos empregados do sexo feminino, sendo que os coeficientes de variação são iguais a 10% e 15%, respectivamente. O desvio padrão dos salários de todos os empregados da empresa é, em R$, de

(A) 360,00.   (B) 375,00.   (C) 367,50.

(D) 390,00.   (E) 420,00.

04. (CNMP2015) Em um censo realizado em um clube apurou-se a altura em centímetros (cm) de seus 200 associados. A média aritmética apresentou um valor igual a 160 cm com um coeficiente de variação igual a 18,75%. O resultado da divisão da soma de todos os valores das alturas elevados ao quadrado pelo número de associados é, em cm2, de

(A) 27.050.　　(B) 25.600.　　(C) 26.050.

(D) 26.500.　　(E) 25.060.

05. (CNMP2015) Considere uma curva de frequência de uma distribuição estatística unimodal e as seguintes afirmações:

I. Os dados estão fortemente concentrados em torno da moda apresentando uma curva afilada. II. A moda é menor que a mediana e a mediana é menor que a média.

Se a distribuição satisfaz I e II, então trata-se de uma distribuição

(A) platicúrtica e assimétrica à esquerda.

(B) platicúrtica e assimétrica à direita.

(C) leptocúrtica e assimétrica à esquerda.

(D) leptocúrtica e assimétrica à direita.

(E) leptocúrtica e simétrica.

Não olhe agora, mas as soluções estão no site letionare.org. É bom que você compare a sua resolução com a disposta na página on-linw. Se perceber algo errado, tente compreender qual a origem do erro. Descanse um tempo e tente novamente. Repita isto até você acertar as cinco questões.

QUAL A PROBABILIDADE DE VOCÊ RECEBER UMA MENSAGEM QUANDO ESTUDANDO?

Quando você joga um cartão de loteria, joga uma gota no oceano.

Quando participa de um bolão, joga um copo cheio no oceano.

NOÇÕES DE PROBABILIDADE

Conceitos Preliminares

A probabilidade é um campo do conhecimento que estuda as chances de ocorrer determinando fenômeno. Algumas questões envolvendo probabilidades são de grande importância para a tomada de decisão. Um show, por exemplo, pode ser cancelado, caso se entenda que a probabilidade de chuva no horário do show seja grande o suficiente para tornar o evento inviável. Por falar em evento, em probabilidade, a palavra evento tem um sentido especial. Vamos apresentar esses conceitos a partir de agora.

Processos estocásticos finitos

Processo estocástico é o que apresenta uma sequência de experimentos, cada um deles com um número finito de resultados, com dada probabilidade. Se a sequência é finita, o processo é dito estocástico finito.

A probabilidade condicional, isto é, a que calcula a probabilidade de ocorrer tal evento dado que outro evento ocorreu, é caracterizada pela seguinte fórmula:

$$P(A|E) = \frac{P(A \cap E)}{P(E)},$$

considerado-se um espaço amostral Ω possuindo os eventos A e E, com $P(E) > 0$. Esta fórmula calcula a probabilidade de que ocorra o evento A, sabendo-se que ocorreu o evento E.

Se considerarmos um espaço amostral finito equiprovável Ω e o número de elementos do evento A for representado por $|A|$, temos:

$$P(A \cap E) = \frac{|A \cap E|}{|\Omega|}, P(E) = \frac{|E|}{|\Omega|} \rightarrow P(A|E) = \frac{|A \cap E|}{|E|}$$

Um exemplo é sempre bem-vindo para tornar mais inteligível um conceito. Assim, considere uma sala com 50 pessoas, das quais 20 falam inglês, 30 falam espanhol, 10 falam ambos os idiomas. Se uma pessoa é escolhida aleatoriamente e fala espanhol, qual a probabilidade de também falar inglês? Há 10 pessoas que falam ambos os idiomas e 30 que falam espanhol. Então, dado que fala espanhol, basta "procurar entre os falantes de espanhol". Ou seja, o espaço amostral, que era de 50, fica "reduzido" a 30. Portanto, a probabilidade procurada é 10/30.

Vejamos outro exemplo, agora tirado de [2]: "Um par de dados não viciado é lançado. Sendo a soma dos valores das faces viradas para cima igual a 6, qual a probabilidade de uma dessas faces ter valor igual a 2?"

Primeiro descrevemos o evento "soma dos valores das faces é igual a 6" = {(1,5), (2,4), (3,3), (4,2), (5,1)}. O outro evento é "uma das faces é igual a 2" = {(2,x), (x,2), (2,4), (4,2)}. Aqui, o x são as 6 possíveis faces do outro dado, exceto a face com valor 4, listada explicitamente. O número de elementos é facilmente contado, em cada evento. Temos que a probabilidade de uma das faces viradas para cima ser igual a 2 é de 2/5.

Da fórmula para calcular a probabilidade condicional, podemos extrair outra fórmula:

$$P(E \cap A) = P(E)P(A|E)$$

Acima, usamos o fato de a probabilidade $P(A \cap E) = P(E \cap A)$ e multiplicamos ambos os membros da equação da probabilidade condicional por $P(E)$.

Esse resultado é conhecido como o teorema da multiplicação. Podemos estendê-lo:

Teorema da Multiplicação: para quaisquer eventos $A_1, A_2, ..., A_n$ vale:

$$P(A_1 \cap A_2 \cap ... \cap A_n) =$$
$$P(A_1)P(A_2|A_1)P(A_3|A_1 \cap A_2)...P(A_n|A_1 \cap A_2 \cap ... \cap A_{n-1})$$

Outro exemplo de LIPSCHUTZ (1993), considera um lote de 12 peças, 4 defeituosas. 3 peças são retiradas em sequência. Pede-se a probabilidade de que todas as peças retiradas sejam perfeitas[3].

Calculamos a probabilidade de a primeira ser perfeita: 8/12. Se a primeira é perfeita, a probabilidade de a segunda também o ser é 7/11.
A duas primeiras sendo perfeitas, implica na probabilidade 6/10 de ser a terceira igualmente perfeita.

Relendo: "a probabilidade de a segunda ser perfeita, dado que a primeira o é" e "a probabilidade de a terceira ser perfeita, dados que a primeira e a segunda o são". Assim, podemos aplicar o teorema da multiplicação:

$$p = \frac{8}{12}\frac{7}{11}\frac{6}{10} = \frac{14}{55}$$

Diagramas de árvore

Um diagrama de árvore é uma forma de descrever um

---

3   Perfeita aqui significa que não apresenta defeitos.

processo estocástico finito. Trata-se de uma representação gráfica do processo, consistindo de pontos de onde partem ramos ou folhas.

Para traçar um diagrama de árvore, marcamos um ponto e, a partir dele, traçamos linhas (ou curvas) que representem a subdivisão do espaço amostral ou o tronco. Cada subdivisão pode também ser dividida, sendo chamadas de ramos. As que não podem mais ser divididas são chamadas de folhas.

Ilustrando, temos a seguinte figura:

Cada ramo tem sua probabilidade. Caminhando pelos ramos, aplicamos o teorema da multiplicação para obter a probabilidade procurada. Por exemplo, para chegar na probabilidade de ocorrer o evento A, multiplicamos p1 x p3 x p7.

Espaço Amostral

Imagine o lançamento de uma moeda normal. Quais são os resultados possíveis? Dois: cara ou coroa. E no lançamento de um dado de seis lados? São seis resultados: 1, 2, 3, 4, 5 ou 6. Nos dois casos, listamos todos os possíveis resultados do que vamos chamar de experimento. Essa lista completa dos possíveis resultados é o Espaço Amostral. Em muitos textos, você verá a letra ômega representando o espaço amostral: Ω. Qualquer subconjunto de Ω constitui o que chamamos de Evento. Assim, se designarmos este subconjunto pela letra E, temos que $E \subset \Omega$.

Para medir a probabilidade de ocorrência de um evento, calculamos a razão entre o número de elementos de E e o número de elementos de Ω. Vamos adotar a notação P(E) para designar esta probabilidade.

$$P(E) = \frac{|E|}{|\Omega|}$$

Em alguns textos, você pode ver a notação n(E) para designar o número de elementos de E. O mesmo vale para o número de elementos do espaço amostral, isto é, $n(\Omega)$. Voltando aos nossos dois primeiros exemplos, podemos calcular facilmente a probabilidade de dar cara, no lançamento da moeda. Da mesma forma, um simples cálculo mental nos dá a probabilidade de sair um número dois no lançamento de um dado de seis lados.

Algumas propriedades da probabilidade ficam evidentes a partir da fórmula que mede a probabilidade de um evento. Desde que E é um subconjunto de Ω, fica claro que a probabilidade de um evento jamais excede a unidade. Isto é, $P(E) \leq 1$. Mais ainda: qualquer que seja o número de eventos dentro de um espaço amostral, a soma das probabilidades deles também não excede a unidade. A equação seguinte descreve esta propriedade:

$$\sum_{i=1}^{n} P(E_i) \leq 1,$$

sendo E_i o i-ésimo evento em Ω. Note que, se o total de eventos for n, então o somatório que acabamos de ver passa a ser igual a 1 e não mais menor ou igual. Isto é particularmente útil para se fazer o cálculo indireto de determinados eventos. Por exemplo, considere três eventos dos quais sabemos que a soma das probabilidades de dois deles é igual a 0,7. Podemos concluir que a probabilidade do terceiro vale 0,3, pois é o valor que falta para a unidade.

Exemplo 1: Uma urna contém 10 bolas idênticas, exceto pela cor, devidamente misturadas. Sabendo que 3 são brancas, 3 são pretas e 4 são amarelas, calcule a probabilidade de cada um dos eventos descritos abaixo:

a) E = {sair uma bola preta na primeira retirada}

b) E = {sair uma bola verde na primeira retirada}

c) E = {sair uma bola amarela na segunda retirada, sabendo que a primeira bola a sair era branca e não foi reposta na urna}

d) E = {sair uma bola branca na segunda retirada, sabendo que a primeira bola a sair era amarela e foi reposta na urna}

e) E = {sair uma bola preta na segunda retirada, sabendo que a primeira bola a sair era preta e não foi reposta na urna}

Solução:

$$(a) P(E) = \frac{|E|}{|\Omega|} = \frac{3}{10} = 0,3$$ Se quiser apresentar a probabilidade no formato percentual, como você sabe, este valor equivale a 30%.

Nos demais casos, segue-se este modelo, observando que, nos casos de duas retiradas consecutivas sem reposição, o número de elementos do espaço amostral diminui de uma unidade, sendo então 9 em vez de 10.

Poderíamos ainda combinar eventos em retiradas com e sem reposição e querer saber a probabilidade total sem que saibamos o resultado da primeira retirada. Neste caso, o que pode ser requerido é que se calcule a probabilidade de se obter duas bolas amarelas em duas retiradas consecutivas e sem reposição, por exemplo. A probabilidade do primeiro resultado estipulado é multiplicada pela probabilidade do segundo e assim por diante.

Exemplo 2: Em uma urna há 5 bolas pretas e 8 brancas, de igual peso e tamanho. Ao se retirar aleatoriamente 4 bolas, qual a probabilidade de que as duas primeiras sejam pretas e as duas últimas sejam brancas?

O número de elementos do espaço amostral é o total de bolas: 13. Ao se retirar a primeira bola, temos 5 chances em 13 de que ela seja preta. Como não há reposição, ficam 12 bolas, pelo que a probabilidade de a segunda bola retirada ser preta é 4 em 12. As bolas brancas são 8, e agora só temos 11 bolas no total. Assim, as probabilidades para as duas bolas seguintes serem brancas são 8/11 e 7/10. A probabilidade exata deste evento é calculada da seguinte forma:

$$P(E) = \frac{5 \cdot 4 \cdot 8 \cdot 7}{13 \cdot 12 \cdot 11 \cdot 10} = \frac{28}{429}$$

O que você acha que aconteceria se fosse requerida uma ordem diferente para as duas bolas de cada cor? A probabilidade seria outra? Confira e comente.

Probabilidade Condicional

Há eventos cuja probabilidade de ocorrência é afetada pela ocorrência de outro evento. Normalmente, quer-se saber qual a probabilidade de o evento A ocorrer, dado que o evento B tenha ocorrido. Há uma fórmula para calcular essa probabilidade:

$$P(A|B) = \frac{P(A \cap B)}{P(B)}, com\, P(B) > 0.$$

Lê-se: probabilidade de A ocorrer, dado que B ocorreu. Note que, desta equação, podemos obter o valor de $P(A \cap B) = P(A|B)P(B)$. Por outro lado, temos que:

$$P(B|A) = \frac{P(A \cap B)}{P(A)}, com\, P(A) > 0.$$

E daí, $P(A \cap B) = P(B|A)P(A)$. Portanto, $P(B|A)P(A) = P(A|B)P(B)$. Imediatamente:

$$P(A) = \frac{P(A|B)P(B)}{P(B|A)}$$

a qual é chamada de Regra de Bayes. Veremos essa regra em um capítulo adiante. Mas, não nos custa ver um exemplo agora, não é mesmo? □

Exemplo 3: Ao pagar a anuidade de certo sindicato, os trabalhadores podem optar por doar 1% do valor pago para uma das 4 instituições apoiadas pelo sindicato. Foi feito um estudo estatístico e constatou-se que as doações estavam distribuídas de acordo com a tabela seguinte:

Instituição	Percentual de Doações
A	20,00%
B	30,00%
C	40,00%
D	10,00%

a) Qual a probabilidade de que um trabalhador, escolhido aleatoriamente, tenha escolhido doar para a instituição B sabendo-se que ele não escolheu a instituição A?

b) Dado que um trabalhador, escolhido aleatoriamente, não escolheu a instituição C, qual a probabilidade de que tenha escolhido a D?

Gabarito.

Exercícios

1. Dadas 3 caixas com lâmpadas, A, B e C, sabe-se que A tem 10 lâmpadas, 4 com defeito; B tem 6 lâmpadas, 1 defeituosa; C tem 8 lâmpadas, 3 defeituosas. Uma caixa é selecionada aleatoriamente e, desta, uma lâmpada é retirada aleatoriamente. Use o diagrama de árvore para descrever a situação e calcule a probabilidade de a lâmpada retirada ser defeituosa.

2. Uma moeda viciada é lançada. P(cara) = 2/3 e P(coroa) = 1/3. Se der cara, seleciona-se aleatoriamente um inteiro entre 1 e 9; se der coroa seleciona-se aleatoriamente um inteiro entre 1 e 5. Calcule a probabilidade de um número par ser selecionado.

3. Um par de dados não-viciados é lançado. Calcule a probabilidade da soma das faces viradas para cima ser igual ou maior que 10:
   a)   se ocorrer 5 no primeiro dado;
   b)   se ocorrer 5 em um dos dados.

4. Três moedas honestas são lançadas. Calcule a probabilidade de ocorrer cara em todas elas, se ocorrer:
   a)   cara na primeira;
   b)   cara em uma das moedas.

5. Dois dados honestos são lançados. Se ocorrem duas faces diferentes, calcule a probabilidade:
   a)   De a soma ser 6.
   b)   De ocorrer 1
   c)   De a soma ser menor ou igual a 4.

6. Selecionam-se dois dígitos aleatoriamente, cada um podendo assumir os valores de 1 a 9. Se a soma é par,

calcule a probabilidade p de os dígitos selecionados serem ímpares.

7. Bob tem 4 cartas de espadas de um baralho ordinário de 52 cartas. Ele recebe mais 3 cartas. Qual a probabilidade de, pelo menos uma das cartas adicionais, ser também de espadas?

8. Em uma sala há 12 pessoas de azul e 4 pessoas de rosa. Escolhem-se, aleatoriamente, 3 pessoas. Qual a probabilidade de todos os escolhidos estarem de azul?

9. Dados os eventos A e B, com $P(A) = 3/8$, $P(B) = 5/8$ e $P(A \cup B) = ¾$. Calcule $P(A \mid B)$ e $P(B \mid A)$.

10. Dentro de uma caixa há 3 moedas, sendo uma não-viciada, outra com duas caras e a restante com probabilidade de $1/3$ de ocorrer cara. Uma moeda é selecionada ao acaso (processo estocástico) e lançada (processo estocástico). Determine a probabilidade de ocorrer cara.

Gabarito on-line.

SE VOCÊ CONHECE AS REGRAS, FICA MAIS FÁCIL JOGAR

Juntos eles são tudo… Embora não tenham nada em comum.

EXERCITANDO A REGRA DE BAYES

Conceitos Preliminares

A Regra de Bayes é de muita utilidade quando se têm eventos que ocorrem com probabilidade modificada de acordo com a ocorrência de outro evento. Uma condição essencial precisa estar presente: dados os eventos A_i, e o espaço amostral Ω, temos que

$$\Omega = A_1 \cup A_2 \cup ... \cup A_{n}, \text{com } A_1 \cap A_2 \cap ... \cap A_n = \emptyset.$$

Vamos ainda supor que há um evento B tal que

$$P(B) = \sum_{i=1}^{n} P(B \cap A_i) \tag{I}$$

Visualmente, podemos esboçar a seguinte figura:

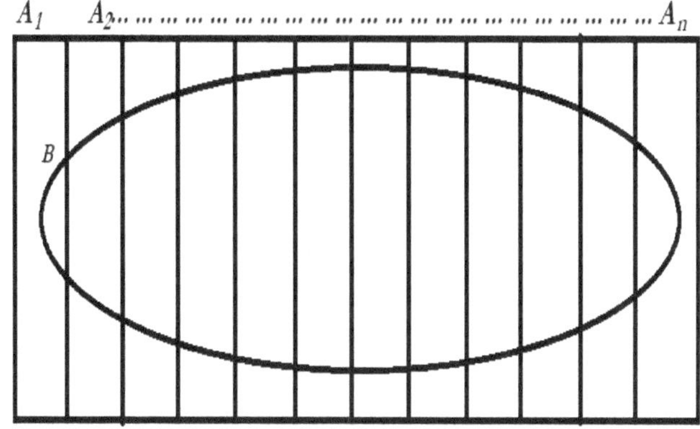

Podemos usar a figura para calcular $P(B|A_1)$, por exemplo.

Basta ver que essa probabilidade será a da interseção de B com A_1, dividida pela probabilidade do próprio A_1. Fica ululante o motivo de lermos "probabilidade de B, dado que ocorreu A_1". Em símbolos:

$$P(B|A_i) = \frac{P(B \cap A_i)}{P(A_i)} \quad \text{(II)}$$

Analogamente, podemos escrever

$$P(A_i|B) = \frac{P(B \cap A_i)}{P(B)} \quad \text{(III)}$$

Agora, manipulando as fórmulas em (I), (II) e (III), obtemos:

$$P(A_i|B) = \frac{P(B \cap A_i)}{P(B)} = \frac{P(B|A_i)P(A_i)}{\displaystyle\sum_{i=1}^{n} P(B|A_i)P(A_i)} \quad \text{(IV)}$$

Exemplo 1: **A probabilidade de certo time empatar o jogo em dia de chuva é de 7/10, e a probabilidade de chuva no dia de jogo é de 4/10. Qual a probabilidade de ter chovido no dia do jogo, sabendo que o time empatou?**

Solução: comecemos identificando os eventos $A_1 = \{$choveu$\}$ e $A_2 = \{$não choveu$\}$, além do evento $B = \{$o time empatou$\}$. Note que a interseção entre A_1 e A_2 é vazia, e que o evento B tem interseção não vazia com ambos os eventos dados. Veja o diagrama seguinte:

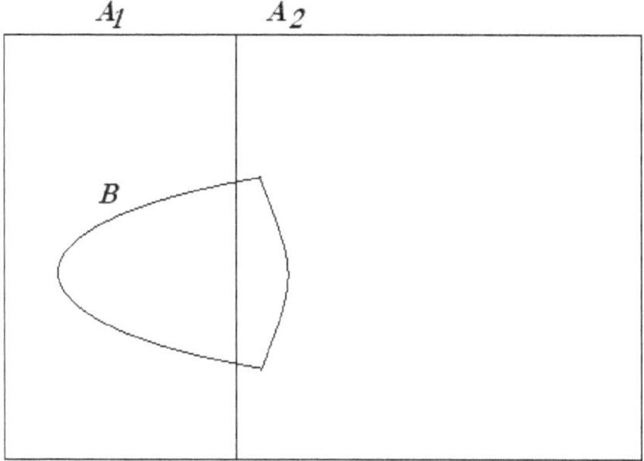

Agora podemos calcular a probabilidade de ter chovido, dado que o time empatou, isto é,

$$P(A_1|B) = \frac{P(B|A_1)P(A_1)}{\displaystyle\sum_{i=1}^{n} P(B|A_i)P(A_i)}$$

$$= \frac{\dfrac{7}{10}\dfrac{4}{10}}{\dfrac{7}{10}\dfrac{4}{10} + \dfrac{3}{10}\dfrac{6}{10}} = \frac{\dfrac{28}{100}}{\dfrac{46}{100}} = \frac{28}{46} \approx 0{,}6087$$

Exemplo 2: Um trabalhador pode cumprir sua meta diária com probabilidade de 90% se o ambiente de trabalho estiver em boas condições de iluminação e temperatura, que tem probabilidade de 60% de ocorrer em qualquer dia de trabalho. Se o trabalhador cumpriu sua meta diária em dado dia, qual a probabilidade de o ambiente naquele dia não ter tido boas condições de iluminação e temperatura?

Solução: Vamos definir os eventos.

A_1 = { boas condições de iluminação e temperatura }

A_2 = { condições ruins de iluminação ou temperatura }

B = { trabalhador cumpriu meta diária }

Já temos $P(B|A_1) = 90\%$ e $P(A_1)=60\%$.

Calculamos $P(A_2) = 1 - P(A_1) = 40\%$,

e também a probabilidade $P(B|A_2) = 1 - P(B|A_1) = 10\%$. Assim,

$$P(A_2|B) = \frac{10\% \times 40\%}{90\% \times 60\% + 10\% \times 40\%} = \frac{400}{5800} = 6,90\%$$

Para calcular $P(A1|B)$ basta trocar as probabilidades no numerador da equação acima pelas probabilidades $P(B|A1)$ e $P(A1)$. Portanto $P(A1|B) = 93,10\%$, como era esperado.

VERIFICAÇÃO DE CONHECIMENTOS 2

1. No Mês de abril, a probabilidade de chuva em qualquer dia é de 40%. O Fortaleza, em dia de chuva, perde um jogo com probabilidade de 60%. Sabendo que o Fortaleza perdeu, calcule a probabilidade de ter chovido no dia do jogo.

2. Em uma prova, há 5 itens por questão a serem marcados e apenas um com a resposta certa. Um candidato pode acertar com probabilidade de 1/5 caso esteja tentando adivinhar a resposta e 1, caso saiba a resposta correta. Certo candidato sabe 40% das respostas da prova. Dado que ele respondeu corretamente a uma questão, qual a probabilidade de ele tê-la adivinhado?

3. (BACEN:ESAF2005Analista) Do total de títulos em poder de um investidor, 1/8 é do tipo T1, 1/4 é do tipo T2, e o restante é do tipo T3. Sabe-se que as probabilidades de se obter uma taxa real de juros positiva com essas aplicações são 0,60 com T1, 0,70 com T2 e 0,80 com T3. Se for escolhido um título aleatoriamente entre estes em poder do investidor e verificar-se que apresentou uma taxa real de juros não positiva, a probabilidade de ele ser do tipo T3 é:

a) 50%   b) 40%   c) 30%

d) 20%   e) 10%

4. (ANAC:NCE2007Estatística) Uma moeda honesta é lançada duas vezes. A probabilidade condicional de que ocorram duas caras, dado que ao menos uma cara ocorre, é igual a:

a) 1/3   b) 1/2   c) 3/5

d) 3/4   e) 4/5

5. Três máquinas A, B, e C produzem, respectivamente, 60%, 30% e 10% do total de peças de uma fábrica. As porcentagens de produção defeituosa destas máquinas são, nesta ordem, 2%, 3% e 4%. Uma peça é selecionada aleatoriamente e é defeituosa. Calcule a probabilidade de a peça ter sido fabricada pela máquina C.

ESTUDAR NÃO PODE SER UM EVENTO ALEATÓRIO

Que a chuva molha é certo.

Mas, se vai chover...

Aí é outra história.

VARIÁVEIS ALEATÓRIAS

Conceitos Preliminares

Dado um espaço amostral Ω e seus pontos $E_1, E_2, ..., E_n$ chamamos de variável aleatória a uma função que associa cada um desses pontos a um único número sobre a reta real, de modo que a imagem inversa de cada um desses números seja um evento de Ω.

Sejam X e Y varáveis aleatórias no mesmo espaço amostral Ω. Então, são funções em Ω as definidas a seguir:

$(X+Y)(p) = X(p) + Y(p)$

$(X+k)(p) = X(p) + k$

$(kX)(p) = kX(p)$

$(XY)(p) = X(p)Y(p)$

para todo p $\in$ Ω.

Em vez de usar

$$P(\{p \in E | X(p) = a\}), e P(\{p \in E | a \leq X(p) \leq b\})$$

usaremos, nesta ordem, as notações resumidas $P(X = a)$ e $P(a \leq X \leq b)$, para cada probabilidade dos eventos X aplicado para a e X aplicado para o intervalo $[a, b]$.

Exemplo 1: Ao lançar duas moedas simultaneamente, quais são os valores que a variável aleatória X = {número de coroas obtidas} pode assumir? Considere as moedas não viciadas.

Solução: os possíveis resultados obtidos pelo lançamento de

duas moedas não viciadas estão listados em $\Omega = \{AA, AC, CC\}$, onde A representa cara e C representa coroa. Como o lançamento é simultâneo, CA tem o mesmo significado de AC. Assim, os valores assumidos por X são 0, 1 e 2.

Função de Probabilidade

Considere uma variável aleatória X em um espaço amostral Ω. Se o contradomínio de X é finito e, para cada ponto $x \in X(\Omega)$, sua probabilidade for definida por $P(X=x_i)$, e denotada por $f(x_i)$, tem-se um espaço de probabilidade. A função f em $X(\Omega)$ é uma distribuição de probabilidade (também chamada de função de probabilidade) de X e normalmente é representada por uma tabela.

Com visto anteriormente, cada $f(x_i)$ é maior ou igual a zero e a soma de todas as probabilidades é igual a 1.

Esperança de X

Considerando X a variável aleatória com uma função de probabilidade como a dada anteriormente, define-se a média ou a esperança de X, denotado usualmente por $E(X)$ ou $\mu_{x'}$é definida por

$$E(X) = x_1 f(x_1) + x_2 f(x_2) + \ldots + x_n f(x_n) = \sum_{i=1}^{n} x_i f(x_i)$$

ou seja, $E(X)$ é a média ponderada dos valores possíveis de X (cada valor é ponderado pela probabilidade respectiva).

Exemplo 2 [1]: Um par de dados honestos é lançado. O espaço finito equiprovável Ω obtido tem 36 pares ordenados de números de 1 até 6.

$\Omega = \{(1,1), (1,2), \ldots, (6,6)\}$

X associa a cada ponto (a,b) em Ω o maior desses números, isto é, ele compara a e b e retorna o maior entre eles. Assim, X(a,b) = max(a,b) é uma variável aleatória cuja imagem é o conjunto

$X(\Omega) = \{1, 2, 3, 4, 5, 6\}$

Vamos calcular a distribuição f de X.

$f(1) = P(X=1) = P(\{1,1\}) = 1/36$

$f(2) = P(X=2) = P(\{(1,2), (2,1), (2,2)\}) = 3/36$

$f(3) = P(X=3) = P(\{(3,1), (3,2), (3,3), (1,3), (2,3)\}) = 5/36$

$f(4) = P(X=4) = P(\{(4,1), (4,2), (4,3), (4,4), (1,4), (2,4), (3,4)\})$
$= 7/36$

$f(5) = P(X=5) = P(\{(5,1), (5,2), (5,3), (5,4), (5,5), (1,5), (2,5), (3,5), (4,5)\}) = 9/36$

$f(6) = P(X=6) = P(\{(6,1), (6,2), (6,3), (6,4), (6,5), (6,6), (1,6), (2,6), (3,6), (4,6), (5,6)\}) = 11/36$

Na forma de tabela:

x_i	1	2	3	4	5	6
$f(x_i)$	1/36	3/36	5/36	7/36	9/36	11/36

Finalmente, calculamos a esperança de X:

$$E(X) = \sum_{i=1}^{6} x_i f(x_i) =$$

$$= 1.\frac{1}{36} + 2.\frac{3}{36} + 3.\frac{5}{36} + 4.\frac{7}{36} + 5.\frac{9}{36} + 6.\frac{11}{36} =$$

$$= \frac{161}{36} = 4,47$$

Exemplo 3 [1]: Considere que Y associa a cada ponto (a,b) a soma de a com b. Então, Y é uma variável aleatória cujo conjunto imagem é dado por

$$Y(\Omega) = \{2, 3, 4, 5, 6, 7, 8, 9, 10, 11, 12\}$$

A distribuição g de Y é apresentada na tabela

y_i	2	3	4	5	6	7
$f(y_i)$	1/36	2/36	3/36	4/36	5/36	6/36
	8	9	10	11	12	
	5/36	4/36	3/36	2/36	1/36	

O cálculo foi análogo ao feito no exemplo 2. Assim, g(3) = P(Y=3) = P(\{(1,2), (2,1)\}) = 2/36 e g(7) = P(Y=7) = P(\{(1,6), (6,1), (2,5), (5,2), (3,4), (4,3)\}) = 6/36.

Daí, temos que a média (esperança) de Y é:

$$E(Y) = \sum_{i=2}^{12} y_i g(x_i) = 2.\frac{1}{36} + 3.\frac{2}{36} + 4.\frac{3}{36} + 5.\frac{4}{36} + 6.\frac{5}{36} +$$

$$+ 7.\frac{6}{36} + 8.\frac{5}{36} + 9.\frac{4}{36} + 10.\frac{3}{36} + 11.\frac{2}{36} + 12.\frac{1}{36} = \frac{252}{36} = 7$$

Exercício 1: Monte uma tabela para representar a distribuição de probabilidade de uma variável aleatória V que associa os pares (a,b) de Ω ao produto entre os números a e b. Ao final, calcule a esperança de V.

Vamos revisitar os conceitos de variância e desvio padrão neste contexto.

A variância da variável aleatória X, representada por Var(X), é definida como

$$Var(X) = \sum_{i=1}^{n}(x_i - \mu)^2 f(x_i) = E((X - \mu)^2)$$

sendo μ a média de X.

O desvio padrão de X, representado por $\mu_{x'}$é a raiz quadrada da variância.

Observe o seguinte:

$$\sum x_i f(x_i) = \mu \ e \ \sum f(x_i) = 1$$

$$\sum (x_i - \mu)^2 f(x_i) = \sum (x_i^2 - 2x_i\mu + \mu^2)f(x_i)$$

$$= \sum x_i^2 f(x_i) - 2\mu \sum x_i f(x_i) + \mu^2 \sum f(x_i)$$

$$= \sum x_i^2 f(x_i) - 2\mu^2 + \mu^2 = \sum x_i^2 f(x_i) - \mu^2$$

Daí, podemos afirmar que $Var(X) = E(X^2) - \mu^2$

Exemplo 4 [1]: Seja X a variável aleatória do exemplo 2. Sua distribuição de probabilidade é

x_i	1	2	3	4	5	6
$f(x_i)$	1/36	3/36	5/36	7/36	9/36	11/36

Sua média é $\mu = 4{,}47$. Para calcular a variância e o desvio padrão, vamos calcular $E(X^2)$.

$$E(X^2) = \sum x_i^2 f(x_i) =$$
$$= 1^2 . \frac{1}{36} + 2^2 . \frac{3}{36} + 3^2 . \frac{5}{36} + 4^2 . \frac{7}{36} + 5^2 . \frac{9}{36} +$$
$$+ 6^2 . \frac{11}{36} = 21{,}97$$

Daí, a variância é

$\mathrm{Var}(X) = E(X^2) - \mu^2 = 21{,}97 - 19{,}98 = 1{,}99$ e o desvio padrão, $\sigma_x = \sqrt{1{,}99} = 1{,}4$.

Observação: Dada uma variável aleatória X cuja média é μ e o desvio-padrão é $\sigma > 0$, a variável aleatória padronizada X*, correspondendo a X, é definida como:

$$X^* = \frac{X - \mu}{\sigma}$$

Observamos ainda que $E(X^*) = 0$ e $\mathrm{Var}(X^*) = 1$.

Outro conceito bastante importante para dar continuidade ao nosso estudo é o de distribuição conjunta de duas variáveis aleatórias X e Y. Para começar, vamos usar como exemplo o nosso espaço amostral Ω e as duas distribuições apresentadas no exemplo 2 e no exemplo 3. Lembremos que X representa o maior entre os números a e b, enquanto Y representa a soma dos dois. A distribuição conjunta de X e Y é dada por meio de uma tabela, com Y disposto em colunas e X disposto em linhas. As probabilidades conjuntas são anotadas nos cruzamentos dessas linhas com essas colunas, isto é, cada probabilidade de ocorrer dado ponto em X e dado ponto em Y deve ser inscrito em uma interseção de uma linha com uma coluna da tabela.

A última coluna e a última linha mostram os totais de cada linha e de cada coluna, respectivamente.

Os requisitos de probabilidade ≥ 0 e total de probabilidades $= 1$ continuam valendo.

Segue-se a tabela:

Y\X	1	2	3	4	5	6	$\sum$
2	1/36	0	0	0	0	0	1/36
3	0	2/36	0	0	0	0	2/36
4	0	1/36	2/36	0	0	0	3/36
5	0	0	2/36	2/36	0	0	4/36
6	0	0	1/36	2/36	2/36	0	5/36
7	0	0	0	2/36	2/36	2/36	6/36
8	0	0	0	1/36	2/36	2/36	5/36
9	0	0	0	0	2/36	2/36	4/36
10	0	0	0	0	1/36	2/36	3/36
11	0	0	0	0	0	2/36	2/36
12	0	0	0	0	0	1/36	1/36
$\sum$	1/36	3/36	5/36	7/36	9/36	11/36	

Para nos referirmos a estas probabilidades, usamos h(x,y).

Assim, h(2,3) = 2/36 vem do fato de que (2,1) e (1,2) são todos os pontos para os quais o maior é 2 e a soma entre eles é 3.

No caso de h(5,4), seu valor é nulo porque não há pontos cujo maior seja 5 e a soma de ambos seja quatro, obviamente. Também não há ponto no qual o maior seja e a soma seja 7, pelo que temos h(3,7) = 0. E assim por diante.

Exercício: Justifique os valores de cada uma das probabilidades cujo valor seja maior que zero.

DADOS TAMBÉM PRECISAM DE UMA ROUPA

Imagine um dado vestido de esmoquem...

APRESENTAÇÃO DE DADOS

Uma das melhores fase do trabalho estatístico é a apresentação de dados. Claro, você teve todo aquele trabalho na definição do problema, no planejamento, na escolha da técnica de amostragem, da determinação do tamanho da amostra, na definição dos instrumentos de coleta, na coleta propriamente dita, a crítica dos dados etc. Você precisa mostrar esses dados!

Você pode apresentar dados por meio de tabelas ou de gráficos.

Começaremos pelos diagramas.

DIAGRAMAS

Os diagramas são uma das formas de apresentar dados. Neste caso, a apresentação é feita por meio de uma figura capaz de dar informações sobre os dados, de forma rápida, embora pouco precisa.

No diagrama de dispersão, para começar, temos duas variáveis sendo representadas simultaneamente no plano cartesiano, cada uma sendo marcada em um dos eixos. Essas variáveis devem possuir uma relação que permite marcar um ponto, (x, y), no plano.

Por exemplo, se o custo de implantação de uma rede de distribuição de água puder ser relacionado ao custo de manutenção (variáveis contínuas, dados quantitativos), poderemos traçar um diagrama de dispersão, cujos pontos indicarão o custo de manutenção para cada custo de implantação. Veja um exemplo na Figura 4.

p1

Outro importante tipo de diagrama, que você deve ver com frequência por aí, é o de colunas. Neste diagrama, retângulos são traçados com base sobre o eixo horizontal e a altura marcada no eixo vertical. No eixo horizontal, geralmente temos dados qualitativos. Por exemplo, você poderia traçar rapidamente um diagrama de colunas usando as preferências de um grupo de pessoas entre quatro cores. As cores comporiam o eixo horizontal, sendo a distância recomendada entre as colunas, a metade da largura da base. O eixo vertical serviria para marcar a altura de cada retângulo, que deve representar a quantidade de pessoas que preferem determinada cor. Para facilitar o raciocínio, digamos que perguntamos a 100 pessoas sobre sua preferência entre quatro cores. O número 100 poderia ser visto como diretamente proporcional a 10 centímetros. Dai, se 30 pessoas disseram preferir a cor CINZA, e.g., a altura para esta cor seria 3 centímetros.

Há outros tipos de diagramas, mas não há nada de muito relevante para falar sobre eles neste momento. Portanto, passemos aos histogramas.

HISTOGRAMAS

O histograma é um diagrama. Mas nem todo diagrama é um histograma. Os histogramas são utilizados para representar graficamente as distribuições de frequência. Você deve estar pensando que o exemplo dado para diagrama de colunas, na verdade, deveria ser um exemplo de histograma, pois podemos ver facilmente que cada cor representa uma classe, e que o número de pessoas preferindo determinada cor é a respectiva frequência de classe. Perfeito! Você está absolutamente correto. Essa confusão entre histograma e outros diagramas é mais comum do que gostaríamos. Mas tenha em mente que não há nada de fatal em usar um diagrama ou outro desde que isso não cause uma distorção nos dados e, daí, uma distorção na análise.

O que devemos observar, no entanto é que, no caso do histograma, temos retângulos justapostos para variáveis contínuas e segmentos de reta (separadas... ☺) para variáveis discretas. Veja a ilustração dada na Figura 5 a e b:

p2

Aqui sabemos imediatamente se as variáveis envolvidas são discretas ou contínuas e podemos acompanhar a variação das frequências entre as classes, notar uma forte concentração na classe $7 \vdash 9$, a semelhança entre as frequências das classes $3 \vdash 5$ e $9 \vdash 11$, entre outras informações.

Vimos as médias aritmética, geométrica e harmônica. Vimos também alguns diagramas e os histogramas, com a diferença de representação para variáveis contínuas e discretas. Espero que você tenha aproveitado este material.

Retomaremos o tema mais adiante para falar de gráficos.

Não pare por aí. Faça pesquisas pela internet, faça testes variando dados para as médias, procure situações – problemas envolvendo os temas estudados e avance na sua caminhada para se tornar um experto no assunto.

Séries Estatísticas

Uma série estatística é a forma de apresentação de dados em uma tabela de modo que as características dos dados sejam relacionadas ou evidenciadas de acordo com sua disposição em linhas e colunas.

Os fatores fundamentais empregados nas séries estatísticas para resumir um conjunto ordenado de observações são o tempo, o espaço e a espécie.

- Tempo – determina a data ou época da investigação realizada.

- Espaço – define o local geográfico de ocorrência do fenômeno.

- Espécie – indica o fenômeno propriamente dito.

Exemplo 1: Chuvas Máximas em Jaguaruana – Ceará, de janeiro a abril de 2019.

Tabela 1: Chuvas Máxima em Jaguaruana-CE de janeiro a abril de 2019

Mês	Chuva Máxima (mm)*
Janeiro	46
Fevereiro	80
Março	54
Abril	54

Fonte: Agência Nacional de Águas

*Posto pluviométrico: Sargento.

Exemplo 2: Número de Matrículas no Ensino Fundamental em 2018 por Estados do Nordeste

Brasileiro.

Observe que no exemplo 1 temos apenas uma variável. Quando isso ocorre, chamamos a série de série simples. As séries simples são utilizadas quando se quer investigar o comportamento isolado de uma variável, como é o caso no exemplo, a chuva máxima.

Desde que a variável muda ao longo de um período de tempo, a série é chamada de série histórica. O período de tempo ou época em que o fenômeno está em observação é o fator que classifica a série como histórica. É bastante comum e útil para estudar fenômenos meteorológicos.

Sugestão de atividade: pesquise na internet por dados referentes a temperatura média no estado em que reside. Monte a sua série histórica e faça uma análise da mesma para verificar se ela indica alguma tendência. Note que, quanto mais longa for a série, isto é, quanto mais períodos de tempo forem colocadas nela, maior será a segurança para indicar alguma tendência.

A próxima tabela mostra também uma série simples. No entanto, a variação se dá no espaço, isto é, de um lugar para outro, mais precisamente, o número de matrículas no ensino fundamental no ano de 2018 varia de um estado do nordeste para outro.

Exemplo 2: Matrículas no ensino fundamental nos estados do nordeste do Brasil no ano de 2018.

Tabela 2: Matrícula no Ensino Fundamental por Estados da Federação no NE – 2018

Estado	Matrículas
Ceará	367.781
Piauí	135.125
Sergipe	77.939
Paraíba	141.297
Pernambuco	339.909
Alagoas	118.393
Bahia	566.952
Maranhão	311.830

Fonte: IBGE

Esta série é chamada de geográfica (ou territorial).

Exemplo 3: Rebanhos no Brasil em 2017.

Tabela 3 – Rebanhos brasileiros no ano de 2017.

Bovino	Bubalino	Equino	Galináceo
214.899.796	1.381.395	5.501.872	1.425.699.944
Codornas	Suíno	Caprino	Ovino
15.473.981	41.099.460	9.592.079	17.976.367

Fonte: IBGE

Note que o lugar está fixo (Brasil) e o tempo também (2017). O que muda são as espécies. Esse tipo de série é chamada de especificativa, ou categórica, ou qualitativa.

Exemplo 4: IPCA – Variação mensal, segundo o índice geral e os grupos de produtos e serviços (%).

Índice geral e grupos de produtos e serviços	Brasil												
	abril 2018	maio 2018	junho 2018	julho 2018	agosto 2018	setembro 2018	outubro 2018	novembro 2018	dezembro 2018	janeiro 2019	fevereiro 2019	março 2019	abril 2019
Índice geral	0,22	0,40	1,26	0,33	-0,09	0,48	0,45	-0,21	0,15	0,32	0,43	0,75	0,57
Alimentação e bebidas	0,09	0,32	2,03	-0,12	-0,34	0,10	0,59	0,39	0,44	0,90	0,78	1,37	0,63
Habitação	0,17	0,83	2,48	1,54	0,44	0,37	0,14	-0,71	-0,15	0,24	0,38	0,25	0,24
Artigos de residência	0,22	-0,06	0,34	0,47	0,56	0,11	0,76	0,48	0,57	0,32	0,20	0,27	-0,24
Vestuário	0,62	0,58	-0,16	-0,60	0,19	-0,02	0,33	-0,43	1,14	-1,15	-0,33	0,45	0,18
Transportes	0,00	0,40	1,58	0,49	-1,22	1,69	0,92	-0,74	-0,54	0,02	-0,34	1,44	0,94
Saúde e cuidados pessoais	0,91	0,57	0,37	0,07	0,53	0,28	0,27	-0,71	0,32	0,26	0,49	0,42	1,51
Despesas pessoais	0,12	0,11	0,33	0,31	0,36	0,38	0,25	0,36	0,29	0,61	0,18	0,16	0,17
Educação	0,08	0,06	0,02	-0,08	0,25	0,24	0,04	0,04	0,21	0,12	3,53	0,32	0,09
Comunicação	-0,07	0,16	0,00	0,08	0,03	-0,07	0,02	-0,07	0,01	0,04	0,00	-0,22	0,03

Fonte: IBGE - Índice Nacional de Preços ao Consumidor Amplo - abril 2019

Neste exemplo temos a variação ocorrendo segundo os meses e as especificações (grupos). Chamamos esse tipo de série de mista. Note que o espaço não varia, isto é, o local no espaço é o país chamado Brasil. As séries mistas podem mostrar variação combinando espécie e tempo, espécie e lugar, lugar e tempo, ou ainda os três juntos.

Quando nenhuma variação ocorre, estamos diante da nossa já conhecida distribuição de frequência. As distribuições de frequência se aplicam a mensurações ou a enumerações.

Tabelas

Na página 9 do documento produzido pelo IBGE, intitulado Normas de Apresentação Tabular, disponível em <https://biblioteca.ibge.gov.br/visualizacao/livros/liv2390 7.pdf>, encontra-se a seguinte definição de tabela:

> Forma não discursiva de apresentar informações. das quais o dado numérico se destaca como informação central. Na sua forma identificam-se espaços e elementos.

Vamos listar seus elementos essenciais.

No topo de uma tabela devem constar seu número e seu título. A região central é destinada à moldura e aos dados numéricos e os respectivos termos. Cabeçalho, coluna, linha e célula são subespaços que compõem o espaço central.

O cabeçalho identifica o conteúdo das colunas. Cada coluna, espaço vertical do centro da tabela, é destinada aos dados numéricos ou aos indicadores de linha. Assim, as colunas podem ser colunas de dados numéricos ou colunas indicadoras, conforme o caso.

O espaço horizontal do centro de uma tabela é destinado aos dados numéricos e compõem o que chamamos de linhas da tabela.

O cruzamento entre uma linha e uma coluna, reservado para um dado numérico ou a um sinal convencional é o que se chama de célula.

A fonte, a nota geral e a nota específica são postos no espaço inferior, chamado de rodapé da tabela.

Exercício 1: Elabore uma tabela sobre o número de matrículas no ensino médio no estado onde você reside nos anos de 2014 a 2018.

Exercício 2: Pesquise e elabore uma série estatística do tipo: a) histórica, b) geográfica, c) especificativa, e d) mista.

Gráficos

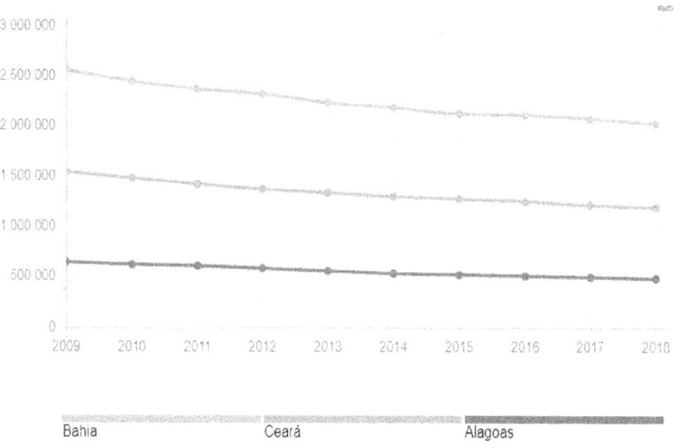

Um gráfico é uma forma de apresentar dados por meio de figuras. Essas figuras são desenhadas tendo por base os dados numéricos. Se por um lado as tabelas oferecem maior precisão na apreciação do dado, o gráfico fornece uma ideia geral do comportamento da variável observada.

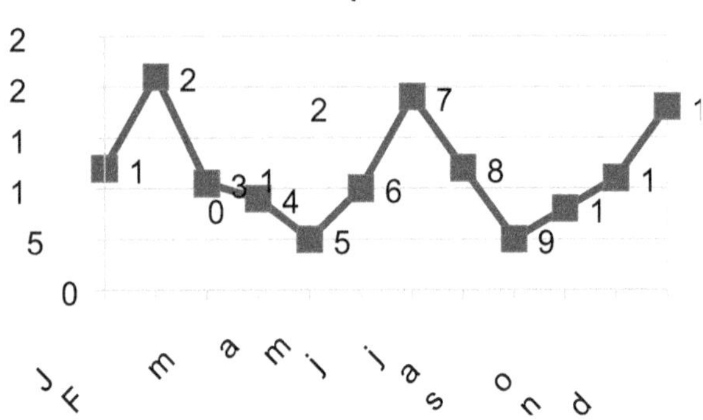

Os gráficos podem ser de tipos distintos, sendo os mais usuais listados neste material. Na Figura 6, pode-se ver um gráfico em linha, que consiste em uma linha que marca a evolução de uma variável ao longo do tempo. Os valores são marcados na vertical, enquanto os períodos de tempo são dispostos no eixo horizontal. Observe que, apesar de não termos o dado numérico exato, podemos concluir facilmente do gráfico que houve uma diminuição considerável nos valores verificados nos meses de março a maio.

p3

Na Figura 7, temos um gráfico do tipo em colunas, onde podemos observar a variação da quantia distribuída entre tipos de ativos financeiros.

O gráfico setorial, mais conhecido como pizza, é um gráfico que relaciona dados numéricos a ângulos que variam de 0 a 360 graus dentro de um círculo. Cada ângulo parte do centro do círculo e tem a medida de seus lados dada pelo raio do círculo em questão.

O gráfico de barras relaciona os dados numéricos a retângulos de mesma largura e de alturas proporcionais aos dados numéricos respectivos e o total. Tais retângulos são dispostos horizontalmente. Já o gráfico em colunas tem o mesmo princípio, sendo seus retângulos dispostos verticalmente.

A representação gráfica das séries de frequência é feita por meio dos histogramas (retângulos para dados contínuos e segmentos de retas para discretos) e do polígono de frequência, muito usado em hidrologia.

TODA CONSTRUÇÃO PRECISA DE UM BOM ALICERCE

Se você precisa explicar muito...

Melhor fazer outro gráfico

CONSTRUINDO GRÁFICOS

Manualmente

Vamos precisar de régua, papel e caneta, basicamente, para construir os gráficos de barras, de colunas ou de linhas. Já para o gráfico setorial, será necessários também um transferidor e um compasso.

Gráficos de Barras

Vamos usar a tabela seguinte para construir nosso primeiro gráfico manualmente.

Tabela 10.1 – Número de Habitantes nas Capitais do Sudeste do Brasil - 2010

Capitais	Habitantes
São Paulo (SP)	11253503
Rio de Janeiro (RJ)	6320446
Vitória (ES)	327801
Belo Horizonte (MG)	2375151

Fonte: IBGE

Vamos associar cada valor a um comprimento na régua usando regra de três simples. Primeiramente, vamos pensar no tamanho da folha de papel que comportará o gráfico para que o mesmo tenha um aspecto agradável em relação a ela.

Temos quatro capitais, então teremos quatro barras, o que nos toma pouco espaço na vertical. A orientação da página será retrato (como o deste material) e não paisagem (largura maior que altura). As páginas deste material têm largura de

21 cm. Vamos tomar por base essa largura.

Se associarmos 1 cm a cada milhão de habitantes, ocuparemos cerca de 12 cm apenas com a barra de São Paulo. Adicione a isso 4 cm para os nomes das capitais e teremos 16 cm. Lembre-se que precisamos contar com as margens esquerda e direita: 2 cm para cada uma. Então, temos 20 cm totalmente ocupados, restando 1 cm de folga na lateral do gráfico.

Mesmo com todo esse cuidado, não vamos poder evitar que a barra referente à Vitória apareça minúscula em relação às outras. Ela deve ter cerca de 1/3 cm.

Feitas essas decisões, vamos desenhar um eixo ortogonal. No eixo horizontal, você marcará valores de 1 a 12, informando que cada unidade equivale a 1 milhão de habitantes. Essa informação pode ser dada no próprio eixo, na legenda ou em nota. No eixo vertical você anotará os nomes das capitais, na mesma ordem da tabela.

O aspecto final do gráfico deve ser próximo a um quadrado, para que diminua a chance de problemas de escala venham a interferir em sua correta leitura e interpretação. Assim, vamos escolher as larguras da base de cada retângulo de acordo com normas gerais.

Vamos usar 12 cm para as barras. Considerando que são 4 e que devemos ter um espaço entre elas que vai de metade até dois terços de sua largura, vamos decidir qual será a largura escolhida. Sabemos que a largura não poderá ser de 3 cm, pois isso ocuparia os 12 cm que temos. Se escolhermos 2 cm, com 1 cm de espaçamento, teremos $4 \times 2 + 4 \times 1 = 12$ cm. Será essa nossa escolha.

Tendo um pouco de cuidado, seu resultado deve sair melhor

do que o da figura seguinte, que foi desenhada à mão com apenas caneta, papel e régua. Note que um esquadro ajudaria a garantir o ângulo reto entre as linhas traçadas.

p5

O processo para montar um gráfico de colunas é inteiramente similar, bastando inverter os eixos horizontal e vertical.

O Gráfico Setorial

O gráfico setorial, também conhecido como gráfico de pizza tem a peculiaridade de que seu uso só faz sentido quando os dados numéricos são divididos em setores de um mesmo valor. Isto é, cada setor representa uma fatia de um total. Para os dados da tabela 1, por exemplo, o gráfico setorial faria sentido se considerarmos o valor total da população em capitais do sudeste do Brasil. Desse modo, cada capital teria uma fatia desse total. Portanto, o gráfico setorial deve ser usado em situações bastante específicas.

Vamos usar uma tabela com dados fictícios.

Tabela 10.2 – Gastos da Maria por Espécie – Março de 2019.

Espécie	Valor em R$
Alimentação	120
Saúde, Higiene e Beleza	60
Educação	45
Aluguel	90
Água, luz, gás e telefone	45

Fonte: dados fictícios

Como se trata dos gastos de uma única pessoa, faz sentido sua totalização para perceber qual a participação de cada espécie neste total. A soma dos dados é 360 para facilitar nossos cálculos aqui, mas você pode empregar a regra de três da seguinte forma:

Totalize os valores dos dados. Este total será associado a 360°. Usando "total está para 360 como valor v está para g graus", você associa cada valor a um grau entre 0 e 360. Por exemplo, o valor do aluguel seria associado a 90° fazendo-se os seguintes cálculos:

360° ------------ 360 (R$)

g° ----------   90 (R$)

Como são grandezas diretamente proporcionais, podemos escrever:

$$\frac{360^{\underline{o}}}{g^{\underline{o}}} = \frac{360(R\$)}{90(R\$)} \rightarrow g = \frac{90(R\$) \times 360^{\underline{o}}}{360(R\$)} = 90^{\underline{o}}$$

O mesmo procedimento deve ser aplicado aos demais valores. Depois de obtermos todos os ângulos associados aos valores da tabela, vamos desenhar nosso círculo. O raio do círculo dependerá, de novo, do tamanho da página e da quantidade de setores de que precisamos. Claro que um gráfico com muitos setores dificulta a leitura e provavelmente outro tipo de gráfico mais adequado deveria ser escolhido.

Se a nossa página tem 21 cm de largura, vamos desenhar um círculo de diâmetro igual a 10 cm. Logo, o raio de nosso círculo deve medir 5 cm.

O primeiro ângulo dentro do círculo tem seu lado inicial sobre o eixo horizontal imaginário passando pelo centro do círculo. O segundo ângulo tem seu lado inicial sobre o lado final do primeiro ângulo, e assim sucessivamente até que o último ângulo repouse seu lado final sobre o lado inicial do primeiro ângulo. Naturalmente, cada lado deve ter a medida do raio do círculo.

p6

Rapidamente se percebe pelo gráfico que o maior gasto se concentra em alimentação, seguido de aluguel. Os dois juntos passam da metade do gasto total. Mesmo sendo elementar, comentamos que se o item Educação for removido para a categoria de investimentos, as relações entre os demais itens se alteram.

Inserindo Gráficos no Excel ™ 365

Antes de mostrar os passos para a elaboração de um gráfico, chamo sua atenção para um erro bastante comum: escrever rótulos na planilha como se fossem números. Isso vale para o Excel do MS Office e para o Calc do Libre Office.

Veja o exemplo de tabela que será usada para elaborar um gráfico em barras:

	F	G	H	I
Ano		Tempo de Contribuição	Idade	Invalidez
	2015	5.300.000	3.900.000	2.700.000
	2016	5.500.000	3.600.000	2.600.000
	2017	5.800.000	3.300.000	2.650.000

Aparentemente, tudo certo. Só que não... O gráfico gerado a partir da seleção das células de F1 até I4 gera o gráfico seguinte:

Como os anos, tratados como valores, são muito menores do que os valores da ordem dos milhões, a coluna para os anos nem aparece. Mas, note que há um espaço para mais uma coluna e, na legenda, vemos o rótulo "Anos".

Isso ocorreu porque o programa tratou os anos

p8

124

como valores e não como rótulos, como deveria.

O que fazer? É simples! Basta você digitar uma aspa simples antes do número do ano ('2016, por exemplo). Quando fizer essa mudança, notará que a tabela passa a ser:

	F	G	H	I
	Ano	Tempo de Contribuição	Idade	Invalidez
	2015	5.300.000	3.900.000	2.700.000
	2016	5.500.000	3.600.000	2.600.000
	2017	5.800.000	3.300.000	2.650.000

Viu a diferença? Os anos estão alinhados à esquerda nessa tabela, pois texto, em uma planilha eletrônica é alinhado à esquerda, por padrão. Na tabela anterior, tínhamos os anos alinhados à direita, que é o alinhamento padrão para números.

Agora sim! Vamos aos passos para elaborar os gráficos.

1. O primeiro passo é selecionar adequadamente os dados dos quais se quer obter o gráfico. No caso de nossa tabela 10.2, você clicaria sobre a célula contendo a palavra Espécie e arrastaria o mouse com o botão pressionado até a célula contendo o valor 45 (referente à água, luz, gás e telefone).

2. Selecione a aba Inserir, na barra de abas do Excel. Para o nosso exemplo, você deve escolher o tipo setorial. Além de descrições das alternativas, o programa também mostra rápidos exemplos para facilitar a escolha.

3. Clique nos botões de edição (passe o mouse sobre os botões para ver a descrição de cada um) para alterar estilo ou cores do gráfico. Outras opções também são personalizáveis.

4. Caso necessite destacar alguma espécie, você pode fazer isso por meio do botão para filtrar dados.

5. Em caso de dúvida sobre o melhor tipo de gráfico para os seus dados, é possível usar o botão Gráfico Recomendado, deixando para o programa a escolha do tipo mais adequado de acordo com os usos mais frequentes. Você verá alguns exemplos de gráficos a partir de seus dados.

6. Da mesma forma que o gráfico anterior, o gráfico recomendado pode ser personalizado em várias características, como as cores.

Gráfico no Open Office Calc (software de código aberto)

1. Selecione adequadamente os dados e clique sobre o botão Gráficos. Um gráfico de colunas aparece como primeira opção em um assistente de gráfico.

2. Escolha o tipo de gráfico de acordo com o objetivo e com os seus dados. No nosso exemplo, escolheremos o gráfico pizza, que é a terceira opção.

3. Pode-se clicar no botão Próximo >> ou ir direto ao item na caixa de seleção de passos do lado esquerdo da janela do assistente. O passo seguinte é a definição do Intervalo de Dados e da sua disposição, isto é, se estão dispostos em linhas ou em colunas, se

a primeira linha e a primeira coluna devem ser usadas como rótulo de dados.

4. Em Série de Dados, é possível digitar diretamente o endereço das células que compõem os dados. Geralmente isso é definido no passo da seleção de dados, mas caso não o tenha feito, digite o endereço das células que darão o intervalo para nome e para as categorias. Você também pode adicionar ou remover séries de dados.

5. Elementos do gráfico se refere a Título e Subtítulo do gráfico, se a legenda deve ou não aparecer e de que lado do gráfico, e ainda, caso haja, especificações dos eixos.

6. Ao clicar em Concluir, seu gráfico será inserido na planilha atual.

Reflexões Finais

Chegamos ao fim do livro, mas não ao fim da jornada de aprendizagem em Estatística e Probabilidade. Você ter chegado até aqui mostrou o valor que você dá a um compromisso assumido, o compromisso com a sua aprendizagem.

No início, falei com você a respeito da alienação e tenho quase certeza de que, naquele momento, você achou estranho que um livro de estatística fosse iniciado falando de um assunto que, aparentemente não tinha nenhuma relação com o tema do livro.

Mas ao longo do livro, você interagiu com diversas ferramentas de análise e percebeu como essas ferramentas são importantes para evitar a alienação do pensamento. Um dos aprendizados, nesse sentido, foi o de sempre verificar números absolutos quando alguém apresentar apenas números em formato percentual e vice-versa. Para ilustrar a importância disso, podemos fazer uma caricatura: imagine o prefeito de uma cidade dando uma entrevista em uma rádio local e afirmando que aumentou o número de vagas nas escolas em 200% no último ano (precedendo ao ano eleitoral). Uau! Isso é um resultado fantástico. Mas agora o seu novo código mental dirá: verifique os números absolutos. Então, você procura pelos números absolutos e descobre que o município tinha penas uma escola e que o prefeito abriu somente mais uma escola durante o seu mandato.

Em outra oportunidade, você vê uma propaganda do governo afirmando que gerou 50 mil novos postos de trabalho. Mas agora há um novo código em seus programas mentais que diz: veja o impacto disso na taxa de desemprego do país. Então, você descobre que a taxa de desemprego aumentou, em vez de diminuir, e que o saldo líquido de emprego formal foi negativo.

E ainda, você começou a entender um dos motivos pelos quais tantas famílias caíram no endividamento: a inflação individual não é igual a divulgadas pelos órgãos oficiais. Assim, muitas pessoas foram perdendo violentamente o seu poder de compra sem perceber, precisando alavancar cada vez mais a sua renda, até o ponto em que não podiam mais pagar.

Quando você começou a ler esse livro, você demonstrou que não sofre de um problema chamado arrogância intelectual, doença que faz com que a pessoa acredite que sabe tudo e que não precisa de instrução de forma alguma.

Pessoas com a doença da arrogância intelectual têm um mantra pelo qual podemos reconhecer-lhes. Elas falam com muita frequência: "Eu já sei". São verdadeiros sabe-tudo.

Preferimos os questionadores, aqueles que sabem apenas que devem buscar continuamente aprender, porque aprender é a nossa melhor habilidade.

Grato por você ter lido este livro, desejo a você uma excelente e contínua aprendizagem!

Letionare.org

REFERÊNCIAS BIBLIOGRÁFICAS

[1] BOLFARINE, H. SANDOVAL, M.C. Introdução à Inferência Estatística. 2ª ed. - Rio de Janeiro: SBM, 2010.

[2] LIPSCHUTZ, S. Probabilidade. Tradução: Rutth Ribas Itacarabi, revisão técnica Helio Migon; revisão técnica 4a edição Dario Nery. 4a ed. rev. - São Paulo: Makron Books, 1993.

[3] MENESES, A., MARIANO, F. Noções de Estatística Para Concursos. Editora: Elsevier, 2010. 160 p.

[4] MORGADO, A. C. D. O. .. E. A., CARVALHO, J. B. P. D., CARVALHO, P. C. P., FERNANDEZ, P. J. Analise combinatória e probabilidade. 2004. 343 p.

[5] Renan Mercuri Pinto. **Estatística Aplicada**. 2ª Edição, edição do autor, Americana – SP, 2020.

[6] *Normando D, Almeida MAO, Quintão CCA*. **Análise do emprego do cálculo amostral e do erro do método em pesquisas científicas publicadas na literatura ortodôntica nacional e internacional.** *Dental Press J Orthod. 2011 Nov-Dec;16(6):33.e1-9.*

[7] Luis Henrique Teixeira Alves Affonso. **Alguns Métodos de Amostragem para Populações Raras e Agrupadas.** DISSERTAÇÃO. INSTITUTO DE MATEMÁTICA E ESTATÍSTICA, UNIVERSIDADE DE SÃO PAULO, São Paulo, fevereiro de 2008.

[8] Carlos Uchoa. Amostragem Probabilística. Blog: Netquest. 28 de julho de 2015. <https://www.netquest.com/blog/br/blog/br/amostragem-probabilistica-nao-probabilistica>. Acessado em 23/10/2020.

[9] Maurício Costa Romão. Tamanho da amostra: fórmulas simplificadas de cálculo. **Blog**: <http://mauricioromao.blog.br/tamanho-da-amostra-formulas-simplificadas-de-calculo/>. 26 de dezembro de 2010. Acessado em 23/10/2020.

[10] PAIS, Aurélio de Jesus Rodrigues; RIBEIRO, Natasha Sofia; SANTOS, Rubens Manoel dos. Mapping floristic communities in Southern Africa savannas, Mozambique. Rodriguésia, Rio de Janeiro , v. 72, e03422018, 2021 . Available from <http://www.scielo.br/scielo.php?script=sci_arttext&pid=S2175-78602021000100208&lng=en&nrm=iso>. access on 06 May 2021. Epub Jan 18, 2021. https://doi.org/10.1590/2175-7860202172010.

[11] ASSUNCAO, Ada Ávila; PIMENTA, Adriano Marçal. Satisfação no trabalho do pessoal de enfermagem na rede pública de saúde em uma capital brasileira. Ciênc. saúde coletiva, Rio de Janeiro , v. 25, n. 1, p. 169-180, Jan. 2020 . Available from <http://www.scielo.br/scielo.php?script=sci_arttext&pid=S1413-81232020000100169&lng=en&nrm=iso>. access on 06 May 2021. Epub Dec 20, 2019. https://doi.org/10.1590/1413-81232020251.28492019.

www.ingramcontent.com/pod-product-compliance
Lightning Source LLC
Chambersburg PA
CBHW071028250726
48653CB00005B/1759